Kongzi
de
Zhihui

孔子的智慧

王立新 /著

图书在版编目(CIP)数据

孔子的智慧/王立新著. —北京:北京大学出版社,2022.3
ISBN 978-7-301-32895-8

Ⅰ.①孔…　Ⅱ.①王…　Ⅲ.①孔丘(前551-前479)—思想评论　Ⅳ.①B222.25

中国版本图书馆 CIP 数据核字(2022)第 030476 号

书　　　名	孔子的智慧 KONGZI DE ZHIHUI
著作责任者	王立新　著
责任编辑	魏冬峰
标准书号	ISBN 978-7-301-32895-8
出版发行	北京大学出版社
地　　　址	北京市海淀区成府路 205 号　100871
网　　　址	http://www.pup.cn　新浪微博:@北京大学出版社
电子邮箱	zpup@pup.cn
电　　　话	邮购部 010-62752015　发行部 010-62750672 编辑部 010-62750673
印　刷　者	河北博文科技印务有限公司
经　销　者	新华书店
	890 毫米×1240 毫米　A5　7 印张　140 千字 2022 年 3 月第 1 版　2025 年 1 月第 3 次印刷
定　　　价	42.00 元

未经许可,不得以任何方式复制或抄袭本书之部分或全部内容。
版权所有,侵权必究
举报电话: 010-62752024　电子信箱: fd@pup.cn
图书如有印装质量问题,请与出版部联系,电话: 010-62756370

前　　言

距离孔子实际生活的年代,现在已过去 2500 多年。2500 多年来,孔子一直都在被误解。

误解一,就是过度诠释,将孔子当成绝对的神——圣人来对待。这种对待,一方面寄托了人们对公平、仁爱政治的企望,表达着人们对和谐、公平、公道生活的向往;另一方面也展现了后来者的懒惰、缺乏勇气和能力,当然主要还是由于历代统治者对后世创新者"异端"思想倾向的排斥和压抑,使得有创新能力的人,无奈之下只得逃归到孔子那里栖息。没人能超越孔子,或者从另外的起点和途径上做出更加广泛、深刻的思想、文化贡献,对于各自所面临的不同时代的社会生活状况,无论如何,都去孔子那里找说法,不必经由自己的努力奋斗去改善。对于一切不合理的社会现象,尤其是残酷的政治统治,明里指责、暗里咒骂一通,说是不符合或者严重违背孔子的仁爱思想,之后便像没事了一样,依然故我地隐忍下去,一代一代,就这样繁衍,不求改变自身所处环境,只求用孔子骂一骂各自的当下,希望政治和社会生活,永远按照孔子指示的道路走就行了,任何另外的作为,都被当成妄自尊大、自不量力,甚至是不知天高地厚。

误解二,就是把孔子贬得一钱不值,中国后世历史的一切祸患和灾殃,专制的暴虐、社会的苟且、科技的落后、自由和民主的千呼万唤而不来、公平正义的不断缺席等,都被一股脑推卸到孔子的身上。一推了事,无论政府和民众,谁都不必承担历史与现实的责任,好像只要给孔子"踏上一万只脚,叫他永世不得翻身",大家便可以就此轻松地活下去了一样。

这本小书无意在上述两个极端颠荡出的历史漩涡里打转转,它试图以另外一种图景,展现孔子作为曾经的生存者,在生活世界的滚打中体会出的一些有关人生的经验。这些经验,对于改善我们自己的生活,或许会有另外的启迪和帮助。所以本书尽量避免重复将孔子作为圣人的习惯之论,而只是将他当成一个智者来看待,从他的言论和行动中,获取有益于我们更好生活的讯息,为提高我们生活的自觉性,同时也为提升我们生命的品质服务。期待我们的生活,过得更富有、更高雅、更理性。当然这只是愿望,作者自己就已明确感到,没有脱出习惯性的窠臼,不过在一些个别的地方,还是略觉稍有新意的。

这种立意,使得本书没有在单纯指向道德意义的传统目标上过多纠缠,也没想去为孔子纯粹道德观念的意义究竟何指提供新鲜的说法,而是将主要精力尽量投射到孔子更具当下意义和未来意味的相关说法和做法上,顺着孔子的说法,或者借助孔子的说法,谈到了很多现代的人生问题。至于效果是否达成,全在读者朋友们的感觉和评判里,作者自己说的实在无法算数。诚望批评指正,以期实现著、阅相长。详细的内容都写在书里了,更多的阐述,已属多余。

辛丑年立夏日

目 录

第一函　学习的智慧 ………………………………… 001

　第一札　为什么说世界上没有真正的圣人？ ………… 003

　第二札　为什么说世界上只有三等人？ ……………… 007

　第三札　为什么说智者之智在于知道自己无知？ …… 011

　第四札　《论语》的第一篇为什么叫《学而》？ …… 016

　第五札　复习会使人感觉快乐吗？ …………………… 021

　第六札　为什么一生都要坚持学习？ ………………… 025

　第七札　为什么要向身边一切可学者学习？ ………… 030

　第八札　为什么说不学习，优异的天赋会丢失？ …… 034

　第九札　为什么要"知之为知之，不知为不知"？ …… 038

第十札　为什么放下宿怨,能够学到对方的长处？ ……… 044

第十一札　为什么要珍惜时间学习？ ……………… 049

第十二札　为什么要结合思考去学习？ ……………… 053

第十三札　学习过程中有哪些可怕的陷阱？ ………… 058

第十四札　学习的最大最久动力是什么？ …………… 064

第二函　处世的智慧 …………………………… 071

第一札　为什么说处世是人生的社会需要？ ………… 073

第二札　为什么强调人生要有一定的修养？ ………… 076

第三札　为什么要强调尊重是处世的基本出发点？ … 079

第四札　"人焉廋哉"究竟是怎样一种察人的智慧？ … 083

第五札　"眼睛是心灵窗户"的发明人是谁？ ………… 086

第六札　作为知人有效方法的"知言"是什么意思？ … 091

第七札　孔子和南子之间到底发生了什么事情？ …… 094

第八札　女子难不难养的原因在哪里？ ……………… 099

第九札　孔子怎样嫁女、嫁侄女？ …………………… 103

第三函　感戴父母恩德的智慧 ………………… 109

第一札　孝与不孝在死的问题上如何体现？ ………… 111

第二札　孝与不孝在生的问题上之分野何在？ ……… 115

第三札　孝与敬是一种怎样的关系？ ………………… 118

第四札　为什么说孝的问题在今天比古代更复杂？ … 121

第五札　传统的孝道像和煦的春风一样温润吗？ ………… 127
　第六札　为什么要理性地对待传统孝道？ ……………… 131

第四函　交友的智慧 ……………………………………… 135
　第一札　为什么说交朋友就是交自己？ ………………… 137
　第二札　送朋友点什么最好？ …………………………… 142
　第三札　"四海之内皆兄弟"的说法从何而来？ ………… 149
　第四札　是朋友胜过兄弟，还是兄弟亲于朋友？ ……… 157
　第五札　交朋友应该注意哪些事项？ …………………… 162
　第六札　为什么说友情可以实现对人生的情感救赎？ … 170

第五函　自立自处的智慧 ………………………………… 175
　第一札　"为己之学"是自私自利的意思吗？ …………… 177
　第二札　如何将挫折转化成体会和动力？ ……………… 181
　第三札　怎样通过培养贵族精神去唤醒生命智慧？ …… 188
　第四札　利从何来？义向何去？ ………………………… 196
　第五札　"恭而安"究竟是怎样的一种人生状态？ ……… 201
　第六札　说几句《论语》的闲话 ………………………… 208

后　记 …………………………………………………… 213

第一函　学习的智慧

第一札　为什么说世界上没有真正的圣人？

宋国（春秋诸侯国之一）的太宰（宰相级别官员）去见孔子，一见面就对孔子说："您是圣人吗？"孔子回答说："您不要把这么吓人的头衔扣在我的头上好不好？我不过是比别人多学了一点东西而已。"

这位太宰又说："那么建立夏朝的大禹、建立商朝的商汤、周朝的建立者周武王，他们三位是圣人吗？"孔子回答道："三位王者只不过是善于使用智慧和勇敢的能人，至于他们本身是不是圣人，我不敢下这个结论。"

太宰又问道："那黄帝、颛顼、帝喾、尧、舜，这五位大帝算是圣人吗？"孔子回答说："五帝只是善于使用仁慈和坚持公平的贤士，至于他们算不算圣人，我同样不知道。"

太宰追问不舍："那盘古氏、神农氏、女娲氏这'三皇'总该算是圣人了吧？"孔子看了他一眼，之后说道："三皇善于使用因任自然、不故意人为造作的人，确实更加了不起，可我还是不敢断言他们就是圣人。"

太宰一时感到惊愕,就继续问孔子说:"照您的说法,那这个世界上不是没有圣人了吗?"孔子表情凝重,沉吟良久之后对太宰说:"我听说西方有圣人,不去治理,国家却不乱;不发号施令,天下人却都信重;不去故意教化,天下人却自愿听从。我猜想他大约可以算是圣人了,但他到底是不是真圣人,我还是不敢轻易说。"

宋国的太宰在心里默默地对自己说:"孔丘这是在欺骗我!"

故事原文出自《列子·仲尼》:

> 商太宰见孔子曰:"丘圣者欤?"孔子曰:"圣则丘何敢?然则丘博学多识者也。"商太宰曰:"三王圣者欤?"孔子曰:"三王善任智勇者,圣则丘弗知。"曰:"五帝圣者欤?"孔子曰:"五帝善任仁义者,圣则丘弗知。"曰:"三皇圣者欤?"孔子曰:"三皇善任因时者,圣则丘弗知。"商太宰大骇,曰:"然则孰者为圣?"孔子动容有间,曰:"西方之人,有圣者焉。不治而不乱,不言而自信,不化而自行。……丘疑其为圣,弗知真为圣欤?真不圣欤?"商太宰默然心计曰:"孔丘欺我哉!"

略微说明一下:本篇中的"商太宰",应为"宋太宰"。理由如下:周朝从商朝手里夺过统治权之后,遵照古代"兴灭国、继绝世"的人道主义传统,把商朝的后裔分封到今天河南商丘一带,命名为"宋国"。到孔子生活的东周时代,商朝早已不复存在,只有商朝的后裔还在宋国延续发展。商朝的太宰不可能有跟孔子对话的机会,孔子只可能跟商朝后裔宋国的太宰有人生的交集。

这则故事虽然出自"道家"的典籍《列子》,但与孔子在《论语》中的自我表述并不违背。"圣人,吾不得而见之矣,得见君子者,斯可矣。""若圣与仁,则吾岂敢!"(两条均出于《论语·述而》)

"圣人"这个字眼太崇高,也太吓人,孔子一生没有把任何人当成绝对的圣人,更不敢把自己当成圣人看待,宋国的太宰以为孔子在欺骗他,是因为自己心里总有个谋略的小算盘。不过他的心思跟后世中国人的心思很有相同之处,就是总觉得世界上应该有真正的圣人。其实这是一种不切实际的期待。世间为什么一定要有圣人才行呢?而且因为"圣人"的标准太高,世间人根本达不到,达不到就会作假,装成圣人的人就会多起来,"圣人"这个词所表达的崇敬语义就会被玷污。所以孔子才说世间没有圣人。后世中国人却要退而求其次,违背孔子自己的说法,把他供奉在了"圣人"的祭坛上。其实这是没有必要的,也不符合孔子自己给自己的定位。

《中庸》一书里所说的"极高明而道中庸",只是一种向往,只是一个目标。这个无限高远的目标不是现实中的普通人所能达到的,与其追求这种无限高远而又可望不可即的目标,不如落到实处,扎扎实实地努力学习,不断获得进步更能使人心安。这是孔子的智慧。

对圣人的期待,虽然是历代中国人美好的奢望,但却表明了我们总爱把自己的命运和对社会美好未来的企盼,寄托在某种完美人格上。这种企望其实只是一种奢望,事实上基本达不到,就像这则故事里孔子所说的那样。

天上既没有全知全能的上帝,地上也自然没有全善先知的圣人。

孔子是中国历史上最早的人文主义者,他不再相信外在的神明可以主宰人类的吉凶祸福。"敬鬼神而远之。"(《论语·雍也》)这是为天地祛魅。孔子又是历史上最早倡导通过学习而获得进步的老师,强调用认识和开发人类自己力量的方式,改变人类无知、无识的命运。"若圣与仁,则吾岂敢!"既不以圣人自居,同时也拒绝承认人间有真正的圣人,这是为人间祛魅。

祛魅,是孔子令人崇敬的智慧。

第二札　为什么说世界上只有三等人？

《论语·季氏》记述了孔子下面一段话："生而知之者,上也;学而知之者,次也;困而学之,又其次也;困而不学,民斯为下矣。"

这段话的大意是:生下来就什么都知道的,那是最上面的第一等人;通过学习知道东西、懂得道理的,是第二等人;人生有了困惑,才去努力学习,试图摆脱困惑的人们,是第三等人;陷入困顿之中,却仍然不打算通过学习去改变,仍然在无知的梦境里打鼾沉睡,更多的民众都是因为这样,才沦落到卑下、无明的悲惨人生境地的。

第一等的高人,一生下来就什么都知道了,但只是逻辑的假设,所以不应当把孔子的"生而知之者,上也"当成真实的事实描述。"文革"期间,有的人为了"批孔"的政治需要,故意上纲上线,非说孔子主张"天命论",以便给孔子定一个"反对实践"的"唯心主义先验论"罪名。那时的"唯心主义先验论",不是对哲学派别的学术划分,而是置人于死地的政治凶器。

世界上其实从来没有过第一等的高人,所以孔子才说:"若圣与仁,则吾岂敢!抑为之不厌,诲人不倦,则可谓云尔已矣。"(《论语·述而》),孔子对自己很自知,所以才说"我非生而知之者,好古,敏以求之者也"(《论语·述而》)。

孔子从没有把自己看成是"生而知之者",而只是当成"学而知之者"和"困而好学者"来对待。世界上原本没有生而即圣的人,再努力学习也达不到圣人的高度,况且完全没有必要非让自己达到圣人的高度。只是不断努力学习,并且通过努力学习不断获得进步,就已经很了不起了。孔子一生从不以圣人许人,也从未以圣人自许,《列子》里面记载的那则故事,已经讲明了这个问题。

好学,是孔子身上最显著的人生特征。"吾十有五而志于学",孔子原本也是"困而好学者",出身于贵族家庭,实际境况却已一落千丈,因此受到阳虎等身边坏孩子的欺侮和嘲弄,想要恢复祖先的荣光,赢得做人的尊严,为此而从小努力学习,渐渐养成努力学习的好习惯,登上了"学而知之"的更高层级。孜孜以求、坚持不懈地追求,才使得孔子成为后世名闻天下的学识广博的"圣人"。孔子的"圣"是学出来的,不是生下来就有的,天上可以掉下一个林妹妹(娇柔而美貌),却无法掉下一个孔夫子(博学有美德)。

世界上的第三等人,是"困而学之"的人。这种人数量最多,存在最普遍。人生遇到了困惑——如何排除世间事务的困扰、怎样对待人间情感的困惑、如何解决人际关系的困难、怎样认识纷繁芜杂的外物等。想要解除这些困惑,于是就去读书,就去向人请教,就去向自然、向社会、向经典、向他人学习,虽然未必能彻底走向光明通透,但至少可以解除部分的暗昧,获得相当程度的心理满足和心灵慰藉。

如果明知自己因为无知而深陷困顿之中,却不思改变,得过且过,一天一天混着过,就只能一天不如一天,一年不如一年。年龄日渐增长,人却越来越无知,困顿也越攒越多,越积越深,只剩下吃饭、睡觉和喘气几件事,那就没药可救了。这是自甘堕落和自暴自弃的结果,这种结果导致的低劣人生状态,就是孔子所说的"民斯为下矣"。

世界上没有"生而知之者",不存在一生下来就很博学的人,知识和学养都是通过不懈的努力学习获得的。喜欢学习,是人生的第一美德。很多人终生不爱学习,觉得学习很痛苦,也很无聊。处于被蒙昧困锁的状态中,却不思改变,依然如故地埋头活命,结果,天生的一点灵性,渐渐在为了活着的奔忙和享受活着的慵懒中消磨殆尽,越来越看不懂人世,也越来越分不清是非善恶,跟朋友们在一起谈天说地时,显得特别无知无识,没有办法被人当回事,一生活得没有尊严,受不到别人的尊重。

其实,人生的一切进步和成长,都是在学习的过程中实现的,学习本身就是进步,不待学成,就已经获得了进步和成长,只要不懈怠,总会有进步。

向来的历史都把孔子说成是圣人,这是过去的习惯。但是我们今天所处的时代,已经不必要非得有"圣人"的监督,不应再在圣人的"照临"中生活,我们正走在通往城市化、现代化和世界化的道路上,我们最需要的不是如何崇拜圣人,而是向古今中外的所有先哲们学习,向人类所有不同类型的文明学习,向自然学习。学习是未来人生的第一要务,不学习就会陷入无知,无知是我们通往现代化和世界化道路上的最大阻碍。要把知识当成珍宝来护惜,从而努力去获得;要把无知看成罪恶去远离,谨防自己陷入无知。努力学习,改变自己无知的现状,这样才像个现代人,也才有可能自觉而又充分地拥有并享受现代的生活。

第三札　为什么说智者之智在于知道自己无知？

"吾有知乎哉？无知也。有鄙夫问于我，空空如也，我叩其两端而竭焉。"(《论语·子罕》)这是孔子跟学生们讲的一件事，说是有位农夫向他问问题，孔子因为没有相关的知识储备，一时间无法应对，只好诚恳地向农夫询问，由此获得了有关这个问题的正反两面的知识。这段话的后半部分，历来被注释家们说成是孔子从正反两面去叩问农夫，从而使农夫明白了自己的问题。这样来注释后半句，其实与前半句是矛盾的，不符合前半句的语义。无知还硬要回答人家的问题，说是人家问得不明不白，这不像是一生好学不倦的孔子应有的人生态度。看来这是后世的"注释家"们为了维护"圣人无所不知"的"尊严"，为孔子所作的权宜性"回护"。其实完全没有这个必要，孔子的伟大，恰在于承认自己的无知，恰在于甘心向一切有知识的人学习,包括这位"鄙夫"。

春秋时期卫国的大夫孔圉,死了以后被谥为"文"。孔子的学生子贡不理解,就问孔子"孔圉"为什么被谥为"文"?孔子回答说:他这个人,本来就敏而好学,又能不耻下问,所以在他死了之后,才给了他"文"的谥号来表彰他。(《论语·公冶长》原文:"子贡问曰:'孔文子何以谓之"文"也?'子曰:'敏而好学,不耻下问,是以谓之"文"也。'")

孔子既然主张不耻下问,就不会面对问他的"鄙夫"进行狡辩,为了照顾自己"博学者"的薄面,放弃难得的向别人学习的机会。

无独有偶,古希腊的大智者苏格拉底也是一位博学但却承认自己无知的人。苏格拉底一生勤奋好学,知识非常广博,在他生存的人群社会里,早已被认为是百科全书式的大学问家,但是他自己却在不断强调:"我之所知,便是我一无所知。"

这样的说法,不是苏格拉底故弄玄虚,我们不可以用这样的诡谲心态揣测伟大的智者。耍小聪明,喜欢用"谋略"的眼光看待世间的一切,是人类心态中一个相当猥琐的表现。不改掉这个恶习,我们就无法走上通往博学的道路,我们向智者学习的可能路径,就将因此而被彻底堵死。

我们同样不可以把苏格拉底认定"自己无知"的说法,简单地看成是智者的谦虚。苏格拉底真是清醒地意识到自己的无知,所以这不是谦虚,而是诚实的人生态度。

把苏格拉底认为"自己无知"的说法看成是谦虚的态度还

是诚实的表白,两种看法是不同原则的表现。看成谦虚的,是重视德行的满足——这一点极容易使众多的无知者们,也装作谦虚的样子;只有把苏格拉底的说法,看成诚恳的表白,我们才会产生向苏格拉底学习的真实愿望,才会努力追求真知,从而获得真正的进步。

苏格拉底曾说:"世界上只有一件东西是珍宝,那就是知识;世界上只有一件东西是罪恶,那便是无知。"

苏格拉底之所以认真地讲出这句话,是因为他真正意识到了知识可以帮助人了解外在世界,知识可以帮助人了解人类社会,知识还能消除人的蒙昧,帮助人走出人生的迷茫,摆脱人生的困惑。

智者与普通人或者凡庸的差别,看起来很大,实际却并不遥远。

两者之间,并没有不可跨越的鸿沟。

只要认真努力学习,改变无知的状态,不断获得进步,凡庸也能成为智者;智者和凡庸的重要区别,就在智者知道自己无知,所以会不断地努力学习,用知识填充自己的心灵,浇灌自己的生命,丰富自己的生活。凡庸甘心处在无知的状态里,不肯努力去改变蒙昧的状态,生活在灰暗的境况中,却长期不思进取。要是有一天,凡庸忽然觉醒,想要改变自己无知和蒙昧的状态,开始努力学习知识,凡庸也就不再凡庸,就会渐渐成为智者。

相反的情况同样存在,智者一旦自认为了不起,自售自卖、自满自足,放弃学习而停止进步,智者就可能沦落为凡庸。

关键看态度,态度真诚信实,人就能通过不断的学习和思考获得进步;态度虚矫而不诚恳,人也会由此开始走向下滑的道路。"性相近也,习相远也。"(《论语·阳货》)人跟人之间的距离,其实就是这样拉大的。如果你被别人落下了,心里不要紧张,面子不要过不去,努力学习就会赶上来。如果你觉得你已经落下了别人,从而放弃努力,就此懈怠下去,不久之后,你就会被别人落下。上天只奖赏努力的人,自甘堕落,是不会受到上天青睐的。

这是中西方伟大的智者孔子和苏格拉底给予我们的启示。

苏格拉底一生为求真知、求智慧而奔忙:只有神才是最智慧的,"所以,我就到处奔波,秉承神的意旨,检验每一个我认为智慧的人,不管他是公民还是侨民。如果他并不智慧,我就给神当助手,指出他并不智慧。这件工作使我非常忙碌,没有时间参加任何公务,连自己的私事也没工夫管。我一贫如洗,就是因为事神的缘故"。(苏格拉底话语,全部引自《西方哲学资料选编》,北京大学哲学系外国哲学教研室编,商务印书馆1981年版)

苏格拉底自己努力学习的同时,还不断呼吁自己城邦的民众去努力学习,关心智慧和真理,警告他们不要在名利的圈圈里转晕了头脑:"朋友,你是伟大、强盛、以智慧著称的城邦雅典的公民,像你这样只图名利,不关心智慧和真理,不求改善自己的灵魂,难道不觉得羞耻吗?"

跟孔子一样,苏格拉底并不许诺"先知"们是"圣人":"传(诵)神谕的先知们,说出了很多美好的东西,却不明白自己说的是什么意思。"他也在四处问询并且宣讲,以证实并没有所谓的"先知"。他首先也是"困而学之"者,因为养成了良好的学习习惯,坚持不懈地向身边的人和周围的一切学习,才进而成了"学而知之"的智者。

　　孔子是中国古时候最早教人学知识的好老师,苏格拉底则自称是古代希腊人生产智慧和真理的"助产婆"。

第四札 《论语》的第一篇为什么叫《学而》?

"学而时习之,不亦说乎?"这是《论语》第一篇的第一句话。现在流行的《论语》一共20篇,每一篇都用全篇开始的两个或者三个有实际所指的字命名,如《里仁》《公冶长》《子路》《尧曰》等。细心的读者可能会发现,《论语》20篇不是随意放置的,排列的顺序是有设计的。很多读过《论语》的朋友们,不知是否留意过下面的问题:

《论语》为什么会把《学而》放在第一篇呢?

这还真不是个小儿科的问题。

一些解读或讲解《论语》的学者们显然已费尽了心思,把《论语》的第一句话嚼了又嚼,每个字都进行了详细的考证,认为"习",就是小鸟初飞,刚刚学会飞翔的小鸟,还很稚嫩,很不成熟,跟完整掌握展翅高飞本领的大鸟相比,还有很长、很远的距离,这就是"习"。如此,则"时习"就是不断地试飞了。"时习"是在"学而"两字之后,"时习"之后,还有一个"之"字。这个

"之"字显然是代词,它代指的显然是前面的"学",或者"学而",如果"而"有确切所指的话。但是"而"字好像没有确切的所指,只是一个转折性的连接词,于是就再把目光投放在"学"字上。"学"是一个动词,它的后面应该有具体的受动对象,可是古人为了减省书写材料——不管是竹简还是木简,都不容易获得,于是就节省着用,像在这句话中,就省掉了后面的受动对象之类,只要当时的人们能够看得懂就行。因为这种省略,也给后世理解留下了麻烦。比如在这句话中,"学"到底是学习具体做什么事情呢?还是学习某种专门的技术?是学某一些知识?还是学可以去学又可能学到的全部知识?

其实,我们没必要单纯只在这句话里继续"转圈",因为《论语》里已经有了具体的说明:"子以四教:文、行、忠、信。"(《述而》)司马迁在《史记》中也有类似的追述,他说孔子"以诗书礼乐教,弟子盖三千焉,身通六艺者七十二人"(《孔子世家》)。

尽管人们对第一句话"学而时习之"进行了相当细致的说明,其实还是没有回答那个《论语》为什么把《学而》安排在第一篇的问题,只是为回答这个问题,提供了一些有关这个问题是否重要的语言学和字义学方面的基本知识而已。

直接解决不了,我们就先把这个问题放下,说不准在其他什么地方会受到启发,获得提示,从而就想清了这个问题。

尽管学什么确实很重要,但是为什么学似乎更重要。

《论语》的第二篇叫《为政》,是不是可以就此推断"学"的内容就是"政事"呢?"政事"虽然不是孔门弟子学习的全部内容,至少是最直接的重要内容。

"弟子入则孝,出则悌,谨而信,泛爱众,而亲仁,行有余力,则以学文。"这是《学而》篇里记述的孔子话语。这里没有涉及"政事"。"或谓孔子曰:'子奚不为政?'子曰:'《书》云:孝乎惟孝,友于兄弟,施于有政。'是亦为政,奚其为为政?"这是《为政》篇中的故事,说是有人问孔子:您为什么不去从政呢?孔子回答说:"《书》里面不是说了吗?'孝顺父母,友爱兄弟,让从政的人看到,把它推广出去。'这也是从政啊,为什么非要直接从政才算是从政呢?"原来在孔子的心中,政治的目的就是普及忠孝,只要自己忠孝并且产生了影响,就等于是从政了。所以"入则孝,出则悌,谨而信,泛爱众,而亲仁",其实都是"为政"。由此则大致可以确定,《学而》篇中"学"的内容,主要就是学从政。学,其实就是为了从政。"行有余力,则以学文",学习历史文献,只是学习现实所需要的从政之外的"业余"活动。

《论语·为政》记载孔子自己不同年龄阶段的人生感受说:"吾十有五而志于学,三十而立,四十而不惑,五十而知天命,六十而耳顺,七十而从心所欲,不逾矩。"

因为"孝弟"也是"为政"或者就是从政,所以上面这段话就一定有"为政"的内涵,而不是后来理学家们所裁定的单纯指向笼统的生存感受和人生境界的那种。我十五岁开始学习为政的知识;三十岁基本已学成,可以独当一面;四十岁上下,临时遇到的很多政治的乱行和政治骗子的花言巧语,已经不再能够使我感到迷惑;五十岁时懂得了改造政治、实现理想要看机会,天命如此、如彼，都不是人力所能强为的，人的理想的实现，是受客观条件限制的；六十岁时再听到一些政客们狡诈诡谲的胡言乱语，也就不再动真气，知道他们一向如此，完全可以平淡处之，不再跟他们去较真；到了七十岁，我已能随心所欲地按照政治本身的规则，评判任何随机出现的政治言论、政治事件和政治行为了。

后世注《论语》的学者们，特别是宋以后的理学家们，将这段话单纯锁定为人生不同年龄阶段的感悟，尤其是单纯指向人生境界的说法，应该只是延伸的意义。尽管这些解释煞费苦心，但却仍有勉强而不圆通的感觉。

孔子是现世主义者，经常就具体事情发表看法，所以，这段话极有可能是孔子直接针对具体"为政"活动所发表的感言。如此，则这段话的内涵就变得十分清晰，解释起来也就不必太费心思、绕圈圈了。不过理学家们的说法，也是可以从这段话中引申出来的，因为事虽不同而理却可以相通，对任何事情的感悟，其实都可以成为体会人生的媒介，都可以最终指向对于人生的终极关怀和深切感悟。

一般的学习者和研究者，都喜欢盯紧"三十而立"后面的话，却往往忽视最前面的一句，其实最前面的这句最关键，孔子从十五岁开始，为了人生能有远大宏伟的前景，就开始了坚忍不拔的学习，直到生命结束为止，不仅没有停顿，也从来没有懈怠。"三十"所以能"立"，"四十"所以能"不惑"，"五十"所以能"知天命"，"六十"所以能"耳顺"，"七十"所以能"从心所欲"，都是因为从十五岁开始的不间断、不懈怠的学习。学习丰富了他的心灵,学习成就了他的智慧,学习养成了他尊重人的良好习惯,学习培养了他崇高的价值追求,学习点亮了他理想的火炬,他就高举这火炬,照亮了自己的人生旅程。

学习最重要。学习,是人从无知、浅薄走向有知、走向深刻,从蒙昧走向光明的唯一可信而又可靠的方法和途径。人生的所有知识和技能,人生的所有才智和仁德,其实都是从学习中得来,也只能从学习中得来。重视并喜欢学习,从而也就成了人生中第一重要的事情。

这,就是《论语》的第一篇为什么是《学而》,或者《论语》为什么会将《学而》排在篇首的真正缘由。

第五札　复习会使人感觉快乐吗？

"学而时习之,不亦说乎",这是《论语》开篇的第一句话。很多人将这句话简单地理解为:学到东西要经常复习,经常复习会使所学东西更扎实,人在心里也能感到很愉悦。

其实这句话语中的"时习",是不能简单当成不断复习,或者经常复习来理解的。每年都有中考、高考、研究生考试、博士生考试,甚至包括小学升初中的考试,还有公务员考试、建筑师资格考试、医药师资格考试、律师资格考试、厨师资格考试、驾校考试、英语四六级考试、托福考试、GRE考试,等等,考试名目繁多,几乎所有家庭每年都有人参加考试,为了考试所进行的复习,弄得大家疲惫不堪,心情或烦躁或抑郁。由此看来,为了考试而进行的不断重复的"复习",根本就没有给大家带来快乐,考试逼得大家不得不复习,心烦意燥的人们,没人不希望考试赶紧过去,以便不再复习,好过上几天轻松的生活。

如果"学而时习之"就是学到东西以后不断翻来覆去地复

习,那为什么大家都不喜欢为了考试的复习?是大家都堕落了,还是孔子说得不对?

大家没都堕落,孔子也没说错。

孔子说的学习,不是为了参加考试的学习,尽管今天的社会必须有这些名目繁多的考试,用来检查各自所学是不是达到了要求的目标,但是从严格意义上来讲,这些学习都不是孔子说的学习。孔子说的学习,虽然强调现实的功效,但却不功利,不是为了临时闯关拿证的学习,而是为了了解社会和人生,以便懂得社会治理和伦理生活,进而懂得生命的学习。这种学习自然包括对各种东西的学习,比如孔子也教学生学习驾车技术,从某个方面说,他是中国最早的驾校校长,您可别不信,我说的都是真话,只是那时是驾马车,现在是开汽车。

孔子教给学生各种知识,希望学生们都能在生活中和社会上——主要是政治和伦理的实践中,去应用和验证,但应用和检验都不是为了简单的拿证,学知识是为了改造生活世界,改善生活的品质,通过学习丰富自己的生命,不仅是为了简单的、不得已的谋生。

为了不得已的谋生去学习,自然会感觉很累,很疲惫,甚至很厌倦。因为人生最大的快乐,是生命本身的快乐,不是简单的挣钱活命,也不仅是为了得到外在的某种肯定,获得外在的权力和名位。

当你无意间看到一篇好文字,你会在心里产生舒服的感觉;当你比从前更加理解了一幅名画或者一首乐曲,你会在心里生出审美和自我满足的快乐;当你读到一部好书,你会爱不释手地去翻看,如果书中的很多说法或者所讲的道理,都能跟自己的人生感觉相通,那时你生命里涌起的快感,一定会比吃了一顿美餐、喝了一顿好酒还过瘾。这就是孔子说的那种"不亦说乎"的学习的快乐。之所以能够产生这样的快乐,是因为你没有被追赶着一定要达到什么样的等级和标准,不得不翻来覆去地复习,你心中没有那份压力,从而也没有那份紧张和恐慌,所以才会有真正愉悦的感觉。

如此说来,孔子说的学习的快乐,就不是那种被逼迫的学习,也不是那种不得已的复习。当然,被逼迫的学习,还有不得已的复习,也能学到一些东西,也能产生一点快乐,人类天生的好奇心得到满足,肯定有快感,只是学习的真正快乐,在越没有直接功利目标和现实追逼的情况下,往往会越多、越大,程度越深,自我满足感越强烈。而为了谋职、生存所进行的反复不断的重复性学习,其实是不能给人生带来很深入、很长久的快乐的。

这样看来,"学而时习之",从下面的角度理解似乎更接近原意:已经学到并学懂的东西,在实际的生活过程中能够得到应用并在应用中获得检验,感觉自己学到了真东西,感觉自己学到的东西真有用、真受用,那不是一件很愉快的事情吗?

孔门是现世主义的师生联合体,强调现实主义,是其重要也是主要的目标,参与并改造现实,是孔门师生最直接的外在动力。但这种参与和改造,虽然有对现实直接功效性的追求,但却因为目标的长远,从而不能被看作是功利性的,至少可以说,直接的功利性目的没有那么强。

　　必须能将所学运用到实践,包括社会实践和人生实践中去,所学的东西和掌握的真确程度才会受到检验,并能在实践的过程中进一步加深对所学东西的理解和认识,或许还受到诱发,并由此产生对新知的渴望,通过努力去获得新知,这样才会在心理上产生真实且较大的快感。

第六札　为什么一生都要坚持学习？

孔子说："加我以数年，五十以学易，则可以无大过矣。"（《论语·述而》）这是孔子晚年的一句话，说是如果老天再给"我"一些时间，50岁时就开始学习《周易》，那（我的）一生就会减少很多大的失误。

被看作"圣人"的孔子，直到晚年都还孜孜不倦地学习。

学习对于人生不仅重要，在某种意义上甚至可以说，人之所以为人的标志之最重要的一点就是学习。人类的文明大厦，是靠知识的不断积累慢慢叠加起来的，文明就是人类，没有文明就没有人类。一旦人们停止了学习，文明的大厦就会像断电的城市一样，失去光明，变成一片黑黢黢的暗昧幽谷。所以人类要学习，人类中的每个成员，都有为人类文明的延续和发展而去学习的义务。

从小养成好学的好习惯，对于其后的学习，具有相当重要的意义。

北宋的大学问家王安石讲过一则故事,说是江西省金溪县在北宋中期时出了一位聪明的少年,名叫方仲永,五岁就能下笔成诗。他的父亲因此而自豪,经常带他到别人面前当场赋诗,赢得一点赞誉和赏赐。整天就这样东家走、西家串,不给方仲永学习、读书的机会。一晃就到了20岁,因为一直没有学习,方仲永不但没有进步,反倒"泯然众人矣",才华消磨尽了,变成一个无知、无识,平常而又平庸的人。

方仲永的悲哀在于不学习,当然这首先是由他父亲造成的,可他自己也并非没有责任。培养和造就一个人才不容易,毁掉一个人才却很简单。环境和家庭毁掉一个人不难,一个人自我毁弃更容易。

诚然,不是每个人从小都有获得良好教育的机会,可是无论如何,好学的愿望不能衰减,不能因为生存环境恶劣和教育资源匮乏,就怨天尤人,放弃自我努力。

20世纪五六十年代出生的中国人,想读书,但却没书读;90年代以后出生在中国的人,因为书太多不知道读什么,更不知道怎样读。这当然需要改善和引领,但更需要自我觉察。

俄罗斯的"科学之父"罗蒙诺索夫,出生于与北冰洋隔海相望的白海边上阿尔汉格尔斯克港附近一个极其普通的渔民家庭。母亲早亡,继母不善,家中无书可读,条件奇差无比。但他从小喜欢读书,怀着无比强烈的了解大海、天空、天气、历史、文献等的愿望,想方设法弄到书读,费尽心思入校、留学。通过一生不懈的努力,终于成长为当时俄罗斯历史上空前博学的人。

他涉猎了几乎一切科学和人文领域,在这些领域内,又都获得了令人瞩目的成就,无论是物理学、化学,还是文学、历史学、语言学,乃至几乎成了俄罗斯近代全部科学、文化的真正奠基人。他被誉为"俄罗斯的科学之父"和"俄罗斯文学史上的彼得大帝"一点都不意外。俄罗斯的"诗神"普希金,甚至说"罗蒙诺索夫不仅创办了俄罗斯的第一所大学,罗蒙诺索夫本人,其实就是俄罗斯的第一所大学"。罗蒙诺索夫是俄罗斯历史上最杰出的伟大人物,他也因为在各个领域的杰出贡献,一直受到来自全世界的由衷尊重。

中国西汉时期的学者刘向,讲过一则春秋时期晋国国君与手下的大臣谈论学习的故事。

晋平公对师旷说:"我已经七十岁了,想要学习是不是已经晚了?""为什么不点亮蜡烛呢?"师旷回答说。"大臣可以戏耍自己的君王吗?""我是个目盲的大臣,怎么会戏耍您呢!"师旷接着说:"我听说人如果在少年时好学,就像初生的朝日;壮年时好学,如同正午的太阳;年老时好学,虽然只像点燃的蜡烛,但也能解除暗昧,照亮人生,总比摸黑瞎走强得多。"(《说苑·建本》原文:晋平公问于师旷曰:"吾年七十,欲学,恐已暮矣。"师旷曰:"何不炳烛乎?"平公曰:"安有为人臣而戏其君乎?"师旷曰:"盲臣安敢戏其君!臣闻之:少而好学,如日出之阳;壮而好学,如日中之光;老而好学,如炳烛之明。炳烛之明,孰与昧行乎?"平公曰:"善哉!")

晋代的葛洪在所著《西京杂记》里,记述了汉代大学问家匡衡"凿壁借光"的故事。匡衡从小家境贫寒，没钱买书，也无缘读书。好学的匡衡，只好去给大户人家做佣人，但却不要报酬。人家好奇地问他，他回答说"只要借给书读就行"。大户很感动，就把很多书借给他阅读。因为家贫买不起蜡烛，匡衡就把自家的墙壁挖个小洞，让大户人家的烛光投射进来，就着光线夜读。不断努力的结果，使匡衡成了西汉著名的大学问家。读者诸君请注意，不要把凿壁借光的故事翻译错喽，要是匡衡把别人家的墙壁挖个大洞，那就不是好学，而是缺德了，人家也不会允许。

上面的两则故事告诉我们，人生无时不能学，无处不可学，只看自己有没有强烈的愿望。发宏愿、用真心，没有做不成的事情。想要读书学习，没有条件可以创造条件，世上无难事，只怕有心人。

活到老，学到老，是人生最优秀的品质，只有终生坚持努力学习，人生才会不断获得知识的滋养，人生的道路才不会暗昧，才会充满光明。

孔子说："朝闻道，夕死可矣。"咱先不说"道"有多么崇高伟岸，只说学懂了东西，明白了道理，人就没有白活，人就会在知识的满足中愉快地走完自己的生命途程。

孔子一生，努力学习，从不懈怠，学习热情从未衰减，直到晚年依然如此，每天"发愤忘食，乐以忘忧，不知老之将至"（《论语·述而》）。

当代思想家韦政通先生更是如此，直到90岁时，一年还要阅读十余本新出版的世界各国的新书,每本都认真研究,还作了很多有分量的读书笔记,工工整整地书写在白纸上,用夹子夹好,整整齐齐地排列在简易的书桌上。韦政通先生92岁过世时,这些排列整齐、书写工整的读书心得,依然安放在他80岁以后每天工作10小时的书桌上。他这种从不苟且、从不懈怠,惜时如金,从来不敢轻易浪费时间的学习精神,真是留给这个世间的一笔不小的精神财富,将永远激励后来者认真努力学习,珍惜时间,珍爱生命。

第七札　为什么要向身边一切可学者学习？

"您这个人,沉迷于挽救时弊的心思太重,而且又过于自信,表情里的庄严和执着,都能体现出这一点来。我怕您因此害了自己,所以奉劝您一下:时势不是人为的力量所能强力挽回的,真正得道的高人,逢着顺畅的时候,才去借风使力,大显身手;'不得其时'的时候,就不必一定要抛头露面,奔走呼号,表现自己的才能了。"

这是司马迁所记孔子入周向老子问礼时,老子告诫孔子的话。原文在《史记·老子韩非列传》中:

> 孔子适周,将问礼于老子。老子曰:"子所言者,其人与骨皆已朽矣,独其言在耳。且君子得其时则驾,不得其时则蓬累而行。吾闻之,良贾深藏若虚,君子盛德,容貌若愚。去子之骄气与多欲,态色与淫志,是皆无益于子之身。吾所以告子,若是而已。"孔子去,谓弟子曰:"鸟,吾知其能

飞；鱼，吾知其能游；兽，吾知其能走。走者可以为网，游者可以为纶，飞者可以为矰。至于龙，吾不能知其乘风云而上天。吾今日见老子，其犹龙邪！"

后世学儒学的人，多半不太相信司马迁所说的话，原因就是这段话过于"抬高"老子的同时，似乎对孔子造成了一定的"贬损"。没错，司马迁父子确实更加信奉道家，但从司马迁作《孔子世家》，称颂孔子的文化贡献——"天下君王至于贤人众矣，当时则荣，没则已焉。孔子布衣，传十余世，学者宗之，自天子王侯，中国言六艺者折中于夫子，可谓至圣矣！"以及对孔子"高山仰止，景行则止"的崇敬，实在应该使世间很多"判教"的儒者，免去这份不必要的"猜忌"。咱们也不必就此将老子神化，老子也是人，只不过比孔子年长，又因好学，比孔子先知道了很多事情，先储备了很多知识。这不过是孔子向长者学习、向智者学习的一件往事，"闻道有先后"，不必断高下。

《论语·述而》中的"三人行必有我师焉，择其善者而从之，其不善者而改之"，极像是从老子的言语中转出。《老子》第二十七章有："善人者，不善人之师；不善人者，善人之资。不贵其师，不爱其资，虽智大迷。"

这种情况只能证明孔子的好学，善于向身边一切人学习，利用环境提供的一切可能机会去学习，这是孔老夫子的教诲，也是他成功的经验。哪怕就是几个旅游的伙伴简单的一路同行，也能"择其善者"的善言善行去学习效法，将"不善者"的言行记在心里,避免自己出同样的疏失,犯同样的错误。

前述孔子到周朝的国都去向老子"问礼"的事情,表明了孔子对有关"礼"的知识的重视,因为透过对"礼"的学习,还可以了解古代的文化。《论语·八佾》还记载了另外一件孔子"学礼"的事情:"子入太庙,每事问。或曰:'孰谓邹人之子知礼乎?入太庙,每事问。'子闻之,曰:'是礼也。'"

孔子是春秋时期的鲁国人,鲁国是周朝建政以后,第一批次分封的主要邦国,最初的执政者是周武王的弟弟周公姬旦。后来周公被召回朝廷担任宰辅,鲁国这个藩邦就转封给周公的长子伯禽,之后就按照周朝的"嫡长子继承制",一代代地向后传递。"子入太庙"的"太庙",就是鲁国后世供奉先祖周公的邦国(春秋时周朝叫国,诸侯称邦,因为既是大国的藩邦,又是可以自行其事的小国,所以常常称作邦国,周朝的国家建制,有点像是世界上最早的联邦制)家庙。"太庙"里面摆放了很多祭祀用的器皿,称作"礼器"。太庙的官员不仅对礼器的名称、礼器的使用方法、礼器平时和用时的摆放位置等非常熟悉,对祭祀时的相关仪式,及其具体执行程序等,也都了如指掌。

孔子为了学习"礼",经常到太庙里去,向太庙的主管官员问东问西。这就是"子入太庙,每事问"的缘由。由于孔子问这问那,好像对有关"礼"的事情所知甚少的样子,因此,才会被人怀疑,说他并没有关于"礼"的知识——"孰谓邹人之子知礼乎?"

这话的意思不是说孔子不懂礼貌,是说他不懂有关"礼"的知识。称孔子为"邹人之子",是因为孔子的父亲叔梁纥,生前曾经担任过鲁国邹邑那个小城的主管官员,被称为"邹邑大夫"。叔梁纥由此被一些人称作"邹人",孔子也就顺势被称作"邹人之子"了。

孔子对有人怀疑他于"礼""无知"的反应很实在:"是礼也"——就是因为"每事问",才懂得了很多有关"礼"的知识呀!

有关孔子"入太庙,每事问"这件事,正表明了孔子的好学不倦,指责孔子凡事都问——"每事问"的人,其实是不懂得知识不是与生俱来而是后天努力学来的道理。人生中的知识,可不是《封神演义》里哪吒手上的乾坤圈,一出生就被戴在手腕上了。

《史记·孔子世家》中记载的孔子在鲁国跟师襄学琴的事,《论语》中所记孔子在周游列国期间,沿途从东郭野人、荷蓧丈人的言语中学习知识从而感悟人生等,都在表明这样一个事实:孔子随时随地向所遇见的一切有一技之长或有一得人生体会的人学习。

孔子一生,"多闻而识之"(《论语·述而》),透过生活学习知识、了解世界,因为始终怀着"见贤思齐焉,见不肖内自省也"(《论语·里仁》)的正确学习心态,所以才能从当时的贤者甚至普通人身上,不断学到知识。"多闻,择其善者而从之"(《论语·述而》)的效果,使得孔子的学识越来越广博,人生境界也越来越高远了。

第八札　为什么说不学习,优异的天赋会丢失?

《论语·阳货》记载孔子告诫自己学生子路的一段话说:

"由也!女闻六言六弊矣乎?"对曰:"未也。""居!吾语女!好仁不好学,其蔽也愚;好知不好学,其蔽也荡;好信不好学,其蔽也贼;好直不好学,其蔽也绞;好勇不好学,其蔽也乱;好刚不好学,其蔽也狂。"

孔子讲这段话,目的是要教导子路学习。对于好学的人,做教师的可能多半都会从正面去引导;面对不甚喜欢学习的人,有经验的教师,一般都会从反面告诫他不学习会有什么害处。子路是一个不太爱学习的人,所以孔子经常从反面告诫他,如果不学习,会对人生有什么害处;如果不学习,本来具有的优秀品质,都可能丧失掉,甚至还有可能导致危害性的不良后果。

"羡慕仁慈却不爱学习,就会变得愚蠢暗昧;依仗聪明却不爱学习,就会变得放纵轻佻;愿意信守诺言,但却不爱学习,就会被形式上的正义迷惑,稍一不慎,就会做出为虎作伥、助纣为虐的恶行;推崇率真却不爱学习,就会变得尖酸刻薄,还会伤损别人;崇尚勇敢但却不爱学习,就会招惹是非,闯出祸乱,甚至会枉送性命;喜欢刚直却不爱学习,就会肆意妄为,甚至还会变成令人恐惧和遭人厌憎的暴戾之徒。"

不学习究竟有多么可怕,从这段话中,大家至少可以获得一点粗浅的认识。

谁会想到,一个喜欢仁慈,而且富有同情心的人,如果不喜欢学习,就会变得暗昧无知,他的同情心就会向错误的对象身上发施,从而也就起不到用同情去感动人,让人产生对人类怀有感怀的爱心效果,往往还会被装作善良的人所利用。

谁又会注意到,一个原本聪明、反应敏捷的人,如果不喜欢学习,就会变得轻佻,甚至放纵,原本令人羡慕的优良品性,却成了自己被人轻视、遭人厌弃的导因。

信守诺言,一向是被人看重的优秀品行,可一旦不喜欢学习,便会因为不懂什么是真正的正义,而把虚假的形式上的守信,当成正义的行动去坚守,结果不仅无法达到坚持正义的效果,反倒容易对坏人和恶人信守诺言,违背社会良心,成为邪恶势力的帮凶。

而一个喜欢率真的人,如果不喜欢学习,慢慢就会不自觉地把冒失和强人所难的言行,当成可爱的率真来对待。根本不去考虑对方讲话和行动的缘由,只要不顺自己的心思,就去跟人对抗,不该揭短却去揭短,不该阻拦却去阻拦,无端伤害了别人,还认定是为了人家好。笔者的家乡就有很多类似的人,把不容人的刻薄,当成自己率真的表现,真是让人难以忍受。

子路是一位崇尚勇敢的人,早年因为不爱学习,把鲁莽当成勇敢,经常出去惹是生非,闯了很多乱子,给自己和家人惹了很多不必要的麻烦。好在后来跟随孔子学习,在那样一位人间少有的好老师的慢慢教导下,渐渐有所改变,后来为忠于职守而献身,总算把勇敢派上了正当用场,好钢用在刀刃上了。

刚直和勇敢虽然比较接近,但却不是一样东西。勇敢多指行动,刚直却主要用来说明性格。如果一个人性格刚直,但却不喜欢学习,就会变得专断、跋扈,听不进善意的劝告。大家都熟悉《三国演义》里的袁绍,是个好谋无断的人。人们虽然容易想到好谋无断会误事,但却不容易想到好断无谋更有害。《三国演义》里的吕布,大致可以算作这类人。因为不爱学习,无知无识,心里没数,不能审时度势,无谋而虚刚,不思而妄断,经常做出错误的决定,还狗咬吕洞宾,不识真假人,坏了大事,害了自己,也害了别人。

《论语·述而》记载孔子自己的话说:"德之不修,学之不讲,闻义不能徙,不善不能改,是吾忧也。"孔子自己也是在不断的学习过程中,明确并加深对人生美好品质的认识的。在实际的学习过程中,发现自己对人生品质认识的不足、不深、不透,然后加以重新定位,改进自己曾经的认识。孔子以不能改变自己的错误认识和行动为内心里深切的隐忧,就像《论语·泰伯》所说的那样:"学如不及,犹恐失之。"

  不学习,原本好的品格也会变质;但如果爱好学习,就会懂得很多道理,不仅会保持原来的优秀品质,还能对这些品质有更加正确的判断,让这些优秀的品质更深地扎根在自己的心里,落实到具体的行动中去。学习到底有多重要,仅从这一点上,大致也可以约略感受到了。

第九札　为什么要"知之为知之,不知为不知"?

面对经常夸海口、说大话的弟子子路,作为老师的孔子有些生气了:

"由啊,由啊,请把我告诉你的话牢牢地记在心里吧:知道就说知道,不知道就说不知道,不要硬说知道。这才是对知识应有的态度啊!"(《论语·为政》原文:"由,诲汝知之乎?知之为知之,不知为不知,是知也。")

世界上确实有很多这样的人,喜欢在人前人后说大话,装作自己什么都懂的样子。其实这是一种毛病,孔子的学生子路,就是经常表现出这种症状的人。

子路姓仲名由,年少时因为家庭生活困苦而浪迹江湖,靠一点血气之勇交下几个草根朋友,在混沌的精神状态下生存、活命。《史记·仲尼弟子列传》说他还曾经"暴凌"过孔子。子路后来了解到孔子懂得很多人生的道理,是个大智者,就来到孔子的身边,想跟孔子学点东西。孔子知道他不是坏人,只是习染太重,不好调教,就首先请他吃了一顿"杀威棒"。

一次子路跟随孔子到泰山附近去游赏,走着走着,孔子说自己渴了,让子路到数里外的一条小河里去取水。子路来到河边的时候,一只饥渴难耐的白额吊睛猛虎正在那里喝水,看见子路到来,就毫不犹豫地扑了上去。子路被迫应战,最终打死了老虎。

子路打了水,返身回来之前,又把老虎的尾巴割下来揣在怀里。

看着孔子慢条斯理地喝着自己舍命打来的河水,子路忍不住生气地问道:"请问上等武士怎么杀老虎?""上士杀虎操虎头。""中等武士杀虎怎么杀?""中士杀虎执虎耳。""那下等武士呢?""下士杀虎揣虎尾。"子路心说,敢情这老头什么都知道,我差点把命丢了才杀死这只老虎,他却说我只能算个下等的武士,可恼!

趁着孔子转头的当口,子路在地下抄起一块像盘子一样的扁平石头,正要朝孔子头上比划,孔子却转回头来,子路赶紧把石头揣在了怀里。

"刚才咱们讨论了杀虎的问题,现在讨论一下杀人的问题怎么样?"子路问。"跳跃度够大的哈,但是我的课堂强调自由,什么问题都允许讨论,但问无妨!"孔子答。

"您能告诉我上等武士怎么杀人吗?""上士杀人用笔端。"

"什么意思?""就是人家有文化、有水平,不用动粗,写篇文章给你,你一看,'啊!'气死了。""有这样的事?""有哇,不信你再活千把年,赶上一个叫三国的时代,那时有个叫诸葛亮的人,写了封信送给前来进攻的敌国大将军曹真,曹真一看,'啊!'直接就气死了。"

"那中等武士怎么杀人?""中士杀人用舌端,说出一番话,你一听'啊!'羞死了。""有这事?""有哇。假使你再活千把年,赶上一个叫三国的时代,有个叫诸葛亮的人,在两军阵前一席慷慨激昂的话,直接就把敌国前来劝降的宰相王朗给羞死了。"

"能不能说点眼前的?我活不了那么长时间。下等武士要是杀人会采用什么办法?""下等武士嘛",孔子看了一眼子路接着说,"下士杀人怀石盘"。(以上故事出自元代学者陶宗仪《说郛》卷二五,笔者为了使情节更加生动,做了点添油加醋的工作,也玩了点"穿越"的小把戏,敬请读者体谅。)

"啊?敢情我要是动手砸死他,也只能算个下等的武士。没这么羞辱人的!"

子路服了,口服了,心也服了,彻彻底底地服了。从此以后,死心塌地跟随孔子学习,不仅成了孔门的优秀弟子,还实际地承担了孔子保镖的责任。后来子路殉职,孔子哀伤地回忆说:"自从我得了子路之后,再也没有人敢当面侮辱我了。"(《史记·仲尼弟子列传》说:"自吾得由,恶声不闻于耳。")为什么那些"坏小孩",不敢再当面辱没孔子?因为他们都知道,子路在江湖上行走过,是从黑木崖上下来的,他那拳头,可不是吃素用的！

子路后来虽然跟孔子的师生情谊越处越深厚，但对于他身上的毛病，孔子却不依不饶，随时随地直接指出，从不兜圈子玩委婉，真是一位好老师！

其实"强不知以为知"，并不只是子路身上的毛病，世界上有这种毛病的人并不少。大家虽然感觉这是毛病，但却未必知道这种毛病的危害有多大。

这种毛病表面上出于爱面子，实际出于对人生的不真诚，出于对客观知识的不尊重。对客观知识不尊重，就会轻视知识，就不会认真去学习，人就没有办法真正摆脱无知的困顿状态。而对人生本身的不真诚，危害就更大。这种毛病如果不能及时克服，就会把人生引向华而不实、矫而不真的境地中去。活得不真诚，就不会对人生和世界有真体会，一辈子活下来，不过是个演员，活不出真自己；活过的，只不过是一个人型的道具而已。

有关孔子亲自践行"知之为知之，不知为不知"的情况，《列子·汤问》讲了一则故事。说是孔子在东游的路上遇见两个小孩，正在为一件事进行着激烈的争辩：

一个说太阳早上离我们近些，一个说太阳中午离我们更近些。孔子很好奇，走上前去问他们理由。

一个小孩说："早晨太阳刚出来，样子很大，像个车盖。到了中午却小了很多，如同装菜的盘子了。看着大的应该离我们近，看着小的肯定离我们远，如此说来太阳早晨离我们更近些是一定的了。"

孔子觉着这个小孩说得很有道理,亲切地摸了摸他那聪明的小脑袋之后,又去问另外一个小孩子:"你为什么说太阳中午距离我们更近些呢?"

"太阳是个发光体,会散发热量。早晨太阳虽然看着很大,但我们的感觉却是凉凉的。到了中午,虽然看上去比早晨小,但我们却感觉跟掉到热水里一样,这不就证明了太阳中午距离我们更近些吗?"这个小孩跟那个小孩一样聪明。

孔子已无心再去抚摸他聪明的脑袋,一时间感觉自己无言以对,他被两个小孩弄糊涂了。两个小孩就此嘲笑他说:"谁说孔丘老师您学问大?智慧高?看来也不过如此而已。"(原文:孔子东游,见两小儿辩斗,问其故。一儿曰:"我以日始出时去人近,而日中时远也。"一儿以日初出远,而日中时近也。一儿曰:"日初出大如车盖,及日中则如盘盂。此不为远者小而近者大乎?"一儿曰:"日初出沧沧凉凉,及其日中如探汤,此不为近者热而远者凉乎?"孔子不能决也。两小儿笑曰:"孰谓汝多知乎?")

不必把这则故事看成是道家故意"编排"孔子,让他显露无知,以达到"诋毁"圣人的目的。如果能从另外一个角度看,这何尝不是对孔子的肯定?

知之为知之,不知为不知。不知道就承认自己无知,这样才会用心学习,从无知走向有知。没必要为了一点可怜的薄面,强作狡辩,那样会在无知的泥潭里越陷越深。孔子被两个小孩逼到窘困、没辙的"狼狈"境地,却没有在自己不懂的情况下轻易做出裁判,这正是孔子尊重知识的表现,也是孔子诚恳对待自己无知的说明。

尊重知识,必须首先对知识本身抱有认真诚恳的态度,这是由知识的客观性决定的。对待知识的诚恳,既是态度,也是人品。没有这样的人品,不会得到真知,也不会对知识产生真心的尊重。心里没有对知识的真正尊重,却打着尊重知识的旗号,那只不过是想用知识装点门面罢了。不能克服这种"强不知以为知"的毛病,却想用知识充实和涵养自己的生命,世界上根本没有这回事。

第十札　为什么放下宿怨,能够学到对方的长处?

其实学习的对象是无限的,包括有宿怨的人,甚至敌人,只要对方身上有可学的东西。

有关孔子能从有宿怨的人身上学到东西,可以从孔子对于晏婴的评价中得到证实。《论语·公冶长》里有句赞扬晏婴的话语说:"晏平仲善与人交,久而敬之。"

晏平仲就是晏子,也就是晏婴,他是春秋时代齐国的宰相,跟孔子有人生的交集。

晏婴在担任齐国宰相期间,曾经出使楚国。有关晏婴使楚,楚国的君臣想要羞辱晏婴和齐国,却弄巧成拙,反而羞辱了自己的故事,《晏子春秋》是这样记载的:

晏婴身体矮小,大约只有今天一米五的身高,楚国人听说晏婴前来出使,就事先在城墙的一侧挖了个像狗洞一样的小门,准备让晏婴弓着腰从小门爬进去。晏婴指着小门对楚国迎宾的官员说:"我听说出使狗国的人,才从狗门里走进去,今天我出使楚国,不应该从这个门进入。"楚国官员无奈,只好让他从大门进入国都。

来到朝堂之后,楚国国君见到他的长相,开口便说了一句:"难道你们齐国没人了吗?怎么会派你这样的人出使呢?"晏婴回答说:"齐国都城临淄,光是街巷就三百多条,把人们的衣袖连接起来,就像飘来大块的乌云;大家一起挥汗,如同天上下雨了一般。街市上的行人肩膀挨着肩膀,一双脚跟着另一双脚,络绎不绝,连绵不断,怎么能说没人了呢!""那怎么就派你这样一个人出使我国呢?"楚王接着问道。晏婴回答说:"齐国派遣使节是有规矩的,让贤能的人出使贤能的国家,卑劣无能的人出使卑劣无能的国家。晏婴是齐国最卑劣无能的人,也就只能出使楚国这样的国家了。"

楚王把晏婴请到朝堂上,正在谈话时,楚国的两个治安民警捆绑着一个人从堂前经过。楚王问道:"捆绑的是什么人?从哪里抓到的?"民警回答说:"从街上抓到的小偷,是个齐国人。"楚王转过头来对着晏婴说:"齐国人都善于偷盗吗?"晏婴接过话茬说:"晏婴听说同样是橘子树,种在淮南地区,结出来的叫橘子;种在淮北地区,结出来的就叫枳了。树叶和果实都很相似,味道却大不相同,橘子好吃,枳却难以入口。之所以这样,是因为两地的土质和水质差别太大。这个人生在齐国,但他在齐国时不偷盗,怎么到了楚国,就变成了小偷了呢?难道楚国的水质和土质,适宜于培养盗贼吗?"楚王讪笑着说:"看来贤者是不能随意取笑的,寡人自讨没趣了。"(有关"晏子使楚"的故事,原文在《晏子春秋》内篇杂下第六,共两则。其一:晏子使楚,楚人以晏子短,为小门于大门之侧而延晏子。晏子不入,曰:"使狗国者从狗门入。今臣使楚,不当从此门入。"傧者更道,从大门入,见楚王。王曰:"齐无人耶,使子为使?"晏子对曰:"齐之临淄三百闾,张袂成阴,挥汗成雨,比肩继踵而在,何为无人?"王曰:"然则何为使子?"晏子对曰:"齐命使,各有所主。其贤者使使贤主,不肖者使使不肖主。婴,最不肖,故直使楚矣。"其二:晏子将至楚,楚闻之,谓左右曰:"晏婴,齐之习辞者也。今方来,吾欲辱之,何以也?"左右对曰:"为其来也,臣请缚一人,过王而行。王曰:'何为者也?'对曰:'齐人也。'王曰:'何坐?'曰:'坐盗。'"晏子至,楚王赐晏子酒。酒酣,吏二缚一人诣王。王曰:"缚者何为者也?"对曰:"齐人也,坐盗。"王视晏子曰:"齐人固善盗乎?"晏子避席对曰:"婴闻之,橘生淮南则为橘,生于淮北则为枳,叶徒相似,其实味不同。所以然者何?水土异也。今民生长于齐不盗,入楚则盗。得无楚之水土,使民善盗耶?"王笑曰:"圣人非所与熙也,寡人反取病焉。")

  这是晏婴的一些简单事迹,晏婴跟孔子的人生交集,最早发生在孔子 30 岁时那年。晏婴和齐国的国君景公访问鲁国,孔子参与了接待工作,晏婴就此跟孔子相识。

  晏婴跟孔子的"过节",发生在孔子 35 岁那年。因为鲁国发生了"三桓之乱",孔子离开鲁国来到齐国。《论语·颜渊》里记载"齐景公问政于孔子",孔子答以"君君臣臣,父父子子"的事情,就发生在这一年。齐景公早就知道孔子贤能,准备将孔子留在齐国,给予封地,委以重任。晏婴却出来极力阻拦,跟齐景公说了孔子不少坏话。齐景公改变了对孔子的态度,以"吾老矣,不能用也"为借口,不再重视孔子。孔子不得已,只好返回家乡鲁国。据称孔子在面对齐景公的时候,先说了晏婴的坏话。"先生(您既来齐国)怎么不见一见寡人的宰相晏婴?""我听说晏婴在齐国为相,侍奉灵公、庄公和您三位君主,都很顺畅,感觉他怀有三心。我不喜欢这种三心二意的人,所以不想见他。"齐景公把孔子的话告诉了晏婴,晏婴听了以后说:"孔丘此言差矣!三君都希望国家太平无事,三君原本只是一心,我在三位不同君主的领导下,用跟三位君主相同的一颗心,和顺地处理国家政务,哪来的'三心'?"(《晏子春秋》外篇第八:仲尼游齐,景公曰:"先生奚不见寡人宰乎?"孔子对曰:"臣闻晏子事三君而顺焉,是有三心,所以不见也。"仲尼出,景公以其言告晏子。晏子对曰:"不然。非婴为三心,三君为一心,故三君皆欲国家之安,是以婴得顺也。")

孔子51岁时,在鲁国行使宰相职权,鲁国形势一时间看好,齐景公怕鲁国就此称霸,就在晏婴等陪同下,耀武扬威地来到鲁国边境,要求诸侯国前来"会盟",参加诸侯联盟国的联席会议,就像今天的联合国大会一样。孔子作为鲁国发言人,在会上据理陈词,孔子的正言使得齐国的国君感到非常窘困,景公不仅没有捞到便宜,还把强占鲁国的郓城、汶阳和龟阴等领地归还给鲁国,以表达自己悔过的心情。此后不久,晏婴就过世了。

根据上述事实可以断定,孔子和晏子,既有家国利害之争,又有个人宿怨在先。但是孔子却能从晏子身上发现优长:"(晏子给三位国君做过宰相),齐灵公脏污,晏子却用整洁帮助他治理邦国;齐庄公好勇而不识勇的真意,晏子就用庄严来佐助他;齐景公喜欢奢侈,晏婴却用恭敬和俭朴来侍奉他。(不因人君的不良偏好而改变自己的操节,却能用自己的坚守改造邦君的不良习性)晏子真是个君子呀!"(《晏子春秋·外篇》:仲尼曰:"灵公污,晏子事之以整齐;庄公壮,晏子事之以宣武;景公奢,晏子事之以恭俭。(晏子)君子也。")

孔子不因为跟晏婴有宿怨,就鼓荡情绪,丢弃客观态度。还能发现对方的优秀品质,从有宿怨者的身上,学到优秀的品德,后来孔子还说:"晏平仲善与人交,久而敬之。"可见"以直报怨",并不只是孔子口头上的说法而已。只有真正胸怀宽广的人,才能放下宿怨,从对方身上学到优点,依此看来,孔子确实是位真心向学,同时也是真正善学的人。

第十一札　为什么要珍惜时间学习？

孔子有个学生叫宰予，字子我，《论语》中也叫宰我。"宰我"，可不是自杀的意思，周朝有叫宰父黑的，那也不是心狠手黑、专门杀爹的意思。宰和宰父，都是姓氏，而且都是高贵的姓氏，因为都是从宰相之类的官位和官职上被授予的姓氏，就这样慢慢传下来的。

《论语·公冶长》记载了孔子责骂宰予的故事，说是宰予白天睡大觉，大约相当于睡午觉，现在叫午休。孔子看到了，骂他像块腐朽的木头，没有办法去雕琢；又骂他像一堵用粪土垒积起来的烂墙，就是粉刷了，也不能挡住散发的臭气。

孔子还就此大发了一顿感慨说：像他这样的人，我是没有办法调教了。从前我观察人，只听他如何说就信了，通过宰予这件事情，我改变了态度，以后再看人，不仅要听他如何说，还要看他怎样做。我从此要改变观察人的习惯了。（原文：宰予昼寝。子曰："朽木不可雕也，粪土之墙不可圬也。于予与何诛?"子曰:"始吾于人也,听其言而信其行;今吾于人也,听其言而观其行。于予与改是。")

我必须在这里跟朋友们给宰予"正名",因为他后来发展得很好,虽然他当官时的很多做法可以商榷,但是口才非常好,在孔门中的地位也很高,孔子对别人介绍自己几个像样的弟子时,就有宰予一位,夸他在"政事"方面很有能力。

诸君看到孔子因为宰予"午休"而大发雷霆,可能会在心里埋怨孔子。孔子虽然不叫"宰父黑",但是不是可以叫"宰生黑"?对待学生也太"黑"点了吧?怎么人家睡个午觉,午休一会儿都不让?年轻人觉多,身体容易疲惫,难道孔子连这点都不懂,都不能体谅吗?

各位有所不知。古代是农业社会,日出而作,日落而息,加上生活困难,一般农民家庭,一天两顿饭。早晨九点左右吃第一餐,下午四点前后吃第二餐。为了节省身体能量,不至因为过于饥饿而找吃找喝,消耗粮食,天一黑就都睡下了。一天的时间很有限,如果中午再睡上两小时,一天就没多少时间了,哪还有功夫读书学习?

"不是可以利用晚上时间读书吗?"晚上有几家能点得起蜡烛?"宰"不是由宰相而来的姓氏吗?怎么会点不起蜡烛?那是祖先。孔子的祖先还是商汤呢,不是都沦落了吗?说那些还有啥用!

不是有过"映荧学子"的故事吗?宰予也可以那样做,白天多抓些萤火虫,拿回家里晚上照亮读书哇!

笔者可以告诉你,这个故事编排得很拙劣,放着白天大把的时间不去读书,却漫山遍野乱跑去抓萤火虫,等着晚上在家演练近视眼,你在生活中见到过这种人吗?

其实人生中的时间,可以派上正用场的并不多,不信您可以算一下,除了每天自然生命本身需要解决问题所消耗掉的,所剩真的无几了。一转眼,人生就已过去几十年。咱不拿死亡吓唬人,虽然人都是要走的。就说活着的时候可以利用的时间,就那么不多的一点,还会经常被意外的事情、无聊的苦闷、情绪的烦恼、家人和亲友的病变、闲人的纠缠等占去不少,能剩下几何?如果还不争分夺秒,那人生中属于自己的时间,可就真的"多乎哉,不多也"了。

当然,我感觉有必要在这里提醒读到本篇的朋友们,也不要学什么"头悬梁""锥刺股"。这些残害人的所谓刻苦,只不过是苏秦那样的功利之徒,为了实现急功近利的目的才凶狠地残害自己的身体。读书是为了生命更自觉,也是为了生活更美好,不是为了单纯出名、获利、捞取权位而让自己更难受,更不是非要把自己的身体致残,"身残志坚"是身残了以后志坚,不是为了显示志坚,故意把身体弄残。"头悬梁、锥刺股",不是真正努力学习的健康态度。

不过我们确实没有理由浪费生命中仅有的那点宝贵时间,当代思想家韦政通先生,一生"以浪费时间为罪恶",就连孔子那么聪明绝顶的人,都争取一切时间努力学习,经常发些"日月逝矣,岁不我与"(《论语·阳货》)的哀叹,经常感慨"逝者如斯夫,不舍昼夜"(《论语·子罕》)。我们普通人,又有什么理由,不抓紧时间努力学习呢?

明朝弘治年间有个状元及第的进士叫钱福,写过一首劝人珍惜时间的《明日歌》,朋友们应该都很熟悉:

> 明日复明日,明日何其多。
> 我生待明日,万事成蹉跎。
> 世人若被明日累,春去秋来老将至。
> 朝看东流水,暮看日西坠。
> 百年明日能几何?请君听我《明日歌》。

小时候我学这首短歌,并没有太多的感觉,只在理性上觉得应该珍惜时间。如今这把年纪了,为了写作这本小书,重读这首短歌,竟然有潸然欲泪的感觉。人生真的很短暂,所能利用的时间也太有限,我们真应该好好向孔子学习,努力珍惜时间,认真读书,用心思考,只有这样,我们的生命才能更充实,生活才能更自觉、更美好。将来我们临走时,如果也能像韦政通先生那样,"深觉自己不虚此生!"那就算对得住生养自己的天地、父母,对得起自己绝对不会再有的仅此一生。没法保证我们的生命一定璀璨辉煌,但至少要努力让她发热闪光。要不然,就真的有点白来了。

第十二札　为什么要结合思考去学习?

学习不是单纯的记忆,而是一种综合的心理活动。所以,光靠死记硬背不行,还必须学会动脑筋去思考。单纯的记忆,不能将所学的东西贯通起来,学习的效果也就只能事倍功半,而且经常是"事倍"了,还未必能够达到"功半"的效果,白白浪费了很多时间,也白白消耗了不少精力。

准备高考那年,我和高中的同学们都在紧张地复习,因为当时很多科目的考试,偏重对时间、性质、概念、信条的记诵,如政治、历史、地理,甚至生物等,很多东西如果记不住,就没有办法获得较高的分数。同学们都在背诵,一些同学都能把历史和政治教科书里面的内容,从头到尾背诵下来,有的同学甚至可以倒背如流。这都是为了对付高等学校的招生考试。对于天分高些,脑筋比较活络的学生,考试过后或许还能慢慢恢复正常了解事物和分析问题的能力,中等以下天赋的学生就很难做到这一点,资质相对钝一些的,甚至把左眼和右眼都要分开来进行记忆:"左眼",长在面部朝向外面左边上部的眼睛;"右眼",长在面部朝向外面上部右面的眼睛。如果谁要是来问"什么是眼睛?"那这些学生们肯定都傻了。

上面的说法,可真不是我故意逗大家开心。我的"亲同学"中,就有这样一位背对着行人,脸朝墙壁,旁无他顾地在那里背诵:

"鸟,鸟,有翅膀,有翅膀。"

我刚好从他身后经过,忍不住拍了拍他的肩膀说:"兄弟,没翅膀那是耗子!"

还有一位文科的学生,在那里背诵地理:

"台湾岛,台湾岛,台湾岛是我国第一大岛,台湾岛是我国第一大岛。"

听了以后,真是让人哭笑不得。如果要是学点植物学,是不是会在考试前,每天冲着墙壁背诵"西瓜比樱桃大,西瓜比樱桃大"呢?保不准真会有这样的人。

先别把一切都怨到应试教育上,即便非应试教育,一些东西也是需要记住的,比如古代的散文、诗歌,只要你喜欢。

用背诵强化记忆,不是不可以,但像上面两位同学那样,那就不叫学习知识,只能叫残害自己,同时也是在糟蹋知识。

知识的积累,总是通过前面已学到的,自然而然地去接引后面所学的,所有的学习活动,在这一点上,都不会例外。每个人从娘胎里一生出来,其实就已经开始了学习,无意的学习也是学习,而且比有意的学习更重要。人生通过无意的学习学到的东西,肯定比有意去学习学到的东西多,尽管这样学到的东西很庞杂,不系统,可是生命本身有能力让这些知识在头脑中归类,使这些无意学到的知识,成为有意要学的知识的背景、基础和参照。没有生命没有这个能力,动物也一样,没见过哪只傻猫,把黑熊和野猪当成老鼠去抓捕。

像我的那位"亲同学",竟然连鸟有翅膀,都还要一遍遍不厌其烦地去背诵,显然是小看了自己,同时也小看了人类生命本有的消化能力。如果再说大一点,这既是对自己生命能力的自我藐视和埋没,同时也是对人类整体智商的嘲弄。除非他直到20岁上下,从来没有见过鸟类,但那完全是不可能的,他肯定无意间见到过很多次。

生活是学习的基础,只要有过生活,就不用再去背诵"鸟有翅膀"的知识。学习也需要有联想,"台湾岛是我国第一大岛",这样的"知识"同样不需要记诵,只要不经意的联想就可以了。有谁怀疑台湾岛比海南岛大这件事吗?还是有谁认为鼓浪屿、舟山群岛,或者湘江里的橘子洲、洞庭湖中的君山岛比台湾岛大呢?到现在我都不明白我那位"亲同学"那样记忆台湾岛究竟是受了什么样的刺激。难怪孔子会说"举一隅不以三隅反,则不复也"(《论语·述而》)。如果有一个学生,你已经告诉他房间里的一个角落叫墙角,如果不告诉他另外三个,他就不知道那三个也叫墙角,搁谁当老师都会气疯掉。

读书也好,观察事物也罢,都是学习活动,学习不是简单的"记"功,"学"是要与"思"结合起来的,不发挥思考和联想的功能,只是花费苦力记诵,那样的话人就成了机器。只有思考,只有思维的活动,才会把所学的知识串联起来,进行对照,进行比较,进行分析,然后知识才能真正被消化,成为学习者的精神养料。

　　本来不用记诵的东西,就不要浪费时间去死记硬背了,把时间留给思考。如孔子所说:"学而不思则罔,思而不学则殆。"(《论语·为政》)

　　光是读书、记诵而不思考,就不能打通知识点与知识点之间的阻隔,只知道天是高的,地是远的,却无法知道"天高"与"地远"之间的联系,更无法通晓天高地远与人生感觉之间的关系,这样的话就无法成为一个善学者。能因"天高地迥",而"觉""宇宙之无穷",靠的是联想和感通。只知道往脑袋里记东西,却不懂得用思考的方式将这些知识贯通起来,那叫"学而不思"。"学而不思",就不能解除人生的迷惑和迷惘。庄子说:"人之生也有涯,而知也无涯,以有涯随无涯,殆已。"(《庄子·养生主》)尽管这句话还有更深的用意,但是我们不妨歪解一下,借用其简单字面浅意,拿来证明单纯追求知识的积累,而不求知识的贯通,使人生陷入对知识的迷茫追随,一生疲奔于"记诵"的危险。要摆脱这种危险,就要充分发挥思考的作用,只有学会思考,才能把学习中捡拾到的知识的砖瓦,建造成可供居住的广厦。

　　在学习的过程中,还有另外一种错误的情形,就是孔子强调的"思而不学则殆"。经常不去学习,每天只在那里瞎想,就会陷入"思而不学则殆"的危险境地。

《荀子》的《劝学》篇，很多人都读过。《劝学》篇说："吾尝终日而思矣，不如须臾之所学也。"如果因为脑筋好用就不去学习，这样就会走向"思而不学则殆"的另外一个极端。光靠脑筋好用不行，脑筋好用也得靠知识不断的涵养，如果不愿学习，越到后来越显得无知，无知到可怜的地步时，连脑筋也不会好用了，天生的那点聪明也会被彻底耗散掉。

有关"思而不学则殆"的情况，《论语·卫灵公》中还有孔子的另外一处自我表白："吾尝终日不食，终夜不寝，以思，无益，不如学也。"

学习使我们懂得了越来越多的知识，但是必须通过归类、储存、润化，才能真正转化为对生命有滋养作用的智慧。学习知识的过程，其实也需要智慧，缺少智慧参与的学习活动，是不容易收到更大、更好效果的。

当我们懂得了"学"与"思"互相助益的关系时，就会学中有思，思中有学，学即思，思即学了。看来如何将学习与思考，有机地融汇起来，还真不是简单说一句"学思并重"，就可以轻易解决问题的。

第十三札　学习过程中有哪些可怕的陷阱？

学习不是一件简单的事情,很多学习者在学习的过程中,不小心掉入陷阱的情形是经常出现的。掉入学习的陷阱,不仅会扭曲知识的客观性,同时也会使学习者误入歧途,影响甚至妨害个体生命的成长和进步。

学习过程中的第一种陷阱,就是任随己意。

任随自己的心思胡乱猜测,对于学习肯定是有重大隐患的,包括望文生义,妄自揣度,顺着自己喜欢的方向,想象面对的书本知识和社会生活的知识是什么,就会将自己引入歧途,产生错误判断。这种情况孔子称为"意",就是臆测,胡乱猜度的意思。任随己意胡乱想象的结果,是陷入学习过程中的第一个陷阱"意"中。

"必",是学习过程中的第二个陷阱。指的是在存有不确定的地方和时候,或者尚不能确定的地方和时候,非要强行指认被认识的事物或者道理的确定性,不该给出"必然如此"的判断时，非要做出必然性的判断，以为一定是这样。过分强调自己判断的准确性，严重时会无视知识的真伪，甚至会导致判断压过事实的怪诞心理，否定知识的客观性和准确性原则。

孤陋寡闻，以"寡闻"的"井底"之见，自闭、自美，不能听取不同意见，看不见自己熟悉和习惯了的范围之外的知识，或者干脆就拿曾经所学的一点点，拒绝接受新知，像瓦岗山上的程咬金一样，到哪儿都"劈脑门""砍肉锤""剁马腿"，永远都是那三板斧，永远拿那"三斧子"面对一切出现在眼前的所有不同对手，胜算的可能性一定会越来越小。学知识也是一样，永远拿着既成的习惯性，去认识和判断不断变化的世界，衡量所见所闻的一切，不仅知识得不到更新，思维方式也日渐陈旧，终将跟不上世界的潮流，落伍于时代，甚至被生活所淘汰。

总以为自己所学已经足够，总觉得自己比别人博学，总觉得自己比别人认识正确，尽管所知很有限，联想、判断能力也很有限，却总是自以为是，师心自用，缺乏自我反省的能力，不仅知识得不到补充、翻新，观念也会越来越陈腐。如此封闭在自我的牢笼里，久而久之，不仅会失去共同求知的朋友，还会使自己的思想世界变成一潭死水，失去自己原本应该具有，或者通过努力可能会具有的活性。

孔子在一生的学习过程中，始终警诫自己，从而没有陷入"意""必""固""我"的可怕陷阱，这就是《论语·子罕》中所说的"子绝四"——"勿意，勿必，勿固，勿我。"

这是孔门弟子的记述，说孔子没有"意""必""固""我"这四种大毛病,其实就是强调,在学习的过程中,要努力防止自己陷入这四种危险误区,掉进错误的泥潭。

盲人摸象的故事,大致揭示了"意"的问题所在。摸到大象身体不同部位的盲人,都根据自己的臆测,判断大象像一根柱子,或者绳子,或者一堵墙之类。因为随意猜测,而得不到对事物整体形象的把握,或者产生根本性错误的情形,其实是不必举更多实例来说明的。这里只想强调一点,"臆测"并不是假设,所以,防止"臆测",并不意味着要取消假设。胡适先生曾经提倡为学需要"大胆的假设",不是强调可以随心所欲地胡乱猜测。假设是需要前提,需要推理,还要有对可能性前景的理性评估,这是创新的前提。没有这个前提,知识的累积,尤其是真知的获得,还有翻新旧有知识从而产生新知的可能性就会被大大缩减。"大胆的假设"和"胡乱的臆测"是有根本区别的,不能混为一谈。即便如此,光是假设还不行,还要"小心的求证"。假设越是大胆,求证越是要小心。只有这样才可以防止将"大胆的假设",变成"随意的猜测"。

有关于"必"的弊病,可以用"天下乌鸦一般黑"做个例子来进一步说明一下。若干年前我看到一家报纸上的一则消息,说是在日本的北海道发现了灰色的乌鸦。"天下乌鸦一般黑",从而不再被认为是"放之四海而皆准的真理"。世界上没有"放之四海而皆准"的真理,所有的认识,哪怕是真理性的认识,也都要放到不同地域、不同时间里去经受考验,都要随时间地点和环境的变化而做出改变和调整。所谓"天不变,道亦不变",正是天变了，道就得变的意思，不是天变了，道却仍然不变的意思。天变，就是时势变了，时势变了，情况就变了，格局也得跟着变，看法和做法都得跟着变。以不变之道，应万变之世，不仅妨碍事物的运动与发展，自己也将因此而被遗弃。

有关经验世界里的事实知识，因为不能尽举所有可能性，因此不同的情形总有可能存在。比如人就是人，而不是狼。但是报纸上却说，印度有个小孩子，从小被狼带走，在狼群里长大，长大后被发现，从狼群里被领回到人间，可他的习性，却仍然完全是狼的习性，所以被叫作"狼孩"。

最要命的"必"，还不是看不到这种经验世界里的特殊情况，而是价值系统内的顽固不化。不知什么时候，脑子里被灌进了一种什么价值的信念，凡事都先做价值判断，将世界上的一切都归于自己的"价值系统"，妨害新知的获得，妨碍思想的进步，视野变得越来越狭小，思维变得越来越窒碍，生命变得越来越干瘪。

世界上有很多好老师，不断告诫学生们，要先做事实判断，然后再做价值判断。遇见这样的老师，应该是人生中的福分，要是遇见将世间的一切，包括你的想法和别人的想法，都朝向他的价值信念上靠，都以他的价值判断为标准，那你就要格外小心了。掉进他的"价值自我中心主义"的窠臼里，你只会成为他，或者他的影子，永远成不了你自己。

"固"的危险，其实更大，可以看作是"意""必"的进一步深陷，也可以看作是两种错误的结合与加强。拘泥于常规，尤其是拘泥于自己习惯性的"意"与"必"的常规,坚持自己的正确性,筑垒自固,作茧自缚,像一只和尚手里的木鱼,"永远游不出寺院"。庄子说:"井蛙不可以语于海者,拘于墟也;夏虫不可以语于冰者,笃于时也;曲士不可以语于道者,束于教也。"

一生生活在井里,对井外的事情就了无所知。跟井蛙说大海,枉费了宽阔的胸襟;跟夏虫说冰雪,它会觉得你是在编造故事哄人。面对被教化洗脑的"曲士",你跟他谈论"道",他听不进去,他只以自己所受的教化为"道",除此以外,天下并不存在也不应该再有所谓别的"道"。他早已被某种价值所同化,不管是道德伦理主义的还是政治威权主义的,不论是中国的价值还是西方的价值,也不论是基督教的价值还是伊斯兰教或佛教的价值。既已被"教"所化,并且已经成为那种价值的化身或者使徒,他就不会再相信,甚至不会允许世界上还有另外的价值或价值系统存在。

由"意""必""固",最后都汇集到"我"上。所有上面几种错误倾向,最后都会集中到"我"这里来,都是由于"我"在心理上太过强横,所以才一步步从"意"到"必",再从"必"到"固",最终陷入最深的"我"的陷阱中去。一切从"我"出发,一切以"我"为中心,一切都要接受"我"的标准裁衡,"我",是前面三种陷阱最深处的"马里亚纳海沟"。

这里的"我",不是觉醒和清明的自我,不是需要培养和造就的自我,而是妨害认知的"虚我"、阻截成长的"矫我"、遏止进步的"假我"、丧失心智的"痴我"。

《庄子·齐物论》中的"今者吾丧我",虽然有另外的修养境界所指,但是挪移在这里,用来甩掉罩在"真我"——"吾"上面的"假我"——"我",脱去假我的外壳,露出真我的身躯,显然是非常有力的。"有真人而后有真知",不真实的人,是不会获得真知的;没有真人的世界里,也不会有真正的知识。庄子的话语,启示意义是异常深远的。

　　后世的禅宗和尚们,未必深入了解过孔子的"勿意,勿必,勿固,勿我",但他们强调在悟道成佛方面要去掉"我执",却在某种程度上与孔子对于"意""必""固""我"危险性的警惕不谋而合,真可谓是"天下一致而百虑","同归而殊途"了。

第十四札　学习的最大最久动力是什么？

有关学习一事，令我长期兴奋不已同时又感佩不已的，显然莫过于孔子"知之者不如好之者，好之者不如乐之者"（《论语·雍也》）这句话了。想到这句话的感觉，就像坐在春风里一样。

这句话，可以看作是孔子对学习的三种不同状态，或者三种不同境界的一个描述。

学习，确实是人生中最重要的事情，也是人生中片刻不能脱离的事情，不管你有意无意，其实都在学习。只不过有意而且用心的人得到的知识、懂得的道理，比不用心、不留意的人更真确一些、更深入一些而已。

孔子不仅强调学习的重要性，在一生努力、坚持不懈的学习过程中，也对学习者的状态和学习本身的感受，积累了丰富的经验和深切的体悟。

不自觉的学习，终其一生，每个人都在进行。因为人不可能不与外界接触,也不可能不与自己接触,所以不知不觉间,总能学到一点东西。但这不是我要讲说的学习,我要讲说的学习,是有目标的学习,是自觉的学习过程。我要跟朋友们分享的,是我对孔子上述话语所表达的学习过程三个阶段的理解。

初起学习的第一个阶段,并非没有目标,但多半不是出于自觉自愿,这是学习的"知之"阶段。这个阶段还不完全懂得学习的重要性,多半是被动性地去学习,学习者在整个学习的过程中,并不处于主动的状态,学习的意义和乐趣,都是别人告诉自己,主动权和决定权并没有掌握在自己手里。虽然慢慢懂得了学习的意义,但还基本没有感受到学习的乐趣。这个阶段比较苦,需要相当的耐力,要忍受不小的煎熬。

但是经过一段时间学习,慢慢会因积累多了,渐渐培养出自己对学习的兴趣,也能从学习的过程中感受到一些快乐,渐渐有了自己的目标,不再按照别人的规定和要求去学习,主动性提升到一定程度,目的也渐渐清朗起来,学习的过程,随之进入第二个阶段,就是"好之"的阶段。

没有第一阶段的积累,知识的储备还没有达到一定的程度,没有唤起主动学习的欲望,从而在内心里产生强烈的自我学习的要求,是不会进入第二阶段的。

在学习的第二个阶段里,充满了各种新知的诱惑,同时也充满了将所学不同知识进行融汇和贯通的可能性,充满了人心与知识的自觉不自觉的沟通,学习者已经不再感到学习活动是种煎熬,被激发出来的浓厚兴趣,被呼唤出来的学习热情,会带领学习者持续不断地从事新的学习,学习者内在的自我驱动力已经产生,举一反三、触类旁通和融会贯通之类的良好效果不断呈现,让学习者兴奋不已,热情洋溢。这就走出勉力为之、强化积累的"知之"阶段,进入了从前不曾预期,也未曾想象的"好之"的阶段了。

但是"好之",可不是随便就可以达到的。众多的学习者,一生都没有走出"知之"的阶段。

"好之",就是乐意为之。"好之",是使学习的动因,从外部转向内部的标志。到了这个阶段,学习已经不再是为了解决具体的问题,比如解决生存问题,满足社会伦理要求和守法要求之类的问题,具体点说诸如心理健康、新婚必读、育婴手册、法律常识、学生守则、伦理规范、厨师培训、驾驶技术、服装裁剪、机械制造、健康必备、英语过级、营销策略、写作技巧、诗词格律知识、新闻工作者必读、电器修理、遥控器使用说明、公务员考试,还有小、中、大学的课程,甚至硕士生、博士生的必修课程和为了写作毕业论文的学习等,都属于这种被外在目标所"规定"的学习。

进入"好之"阶段,学习者不再是被人赶着、被环境逼着去学习。"好之"阶段或者程度的学习本身,已经成了一件充满诱惑力的事情,学习者被诱引得难以止步住手。繁难,已经不再被挂怀;忍耐,大致也已成为过去。学习活动,也已经不再需要很强的自我克制了。

进入这种为学状态以后,就会自觉主动去学习,自愿去学习,这是花多少钱也买不来的良好状态。我的家乡有句民谚,叫"有钱难买愿意",用在这里其实也很合适。因为"好之",才会"愿意",有了"愿意",才更"好之"。借用一句佛教的话语,从"知之"阶段到"好之"阶段,大致已有些"化业力为愿力"了。"业力",是因为我们无识、无明带来的。为了祛除"业力",我们必须努力,必须忍耐,克服自己的无知,走出因无知而"无识""无明"的状态,这样才能化掉导致自己严重下沉的"业力",将"业力"转换成"愿力",用"愿力"鼓舞我们前行,激励我们进步。

虽然"好之"极不容易达到,但还有比"好之"更高的层级。"好之"再向前进一步,就到了一个更高更新的阶段、状态或者境地,这种状态或者境地叫"乐之"。

学习的最高层级,也可看作最高境界,就是"乐之"。

《毛诗大序》说:"诗者,志之所之也。在心为志,发言为诗,情动于中而形于言,言之不足,故嗟叹之,嗟叹之不足,故咏歌之,咏歌之不足,不知手之舞之,足之蹈之也。"

"言之""嗟叹""咏歌"之"不足"以尽兴,不知不觉陷入手舞足蹈的妙不可言的境地。其实学习的过程,也同样可以达到这种并非诗人作诗,乃诗作诗人的状态,这就是"乐之"的阶段。这个阶段,与其说是阶段,倒不如说是进入了一种状态,一种学习者与学习活动本身两者互相融合,甚至两者俱忘的状态。此时的学习者已经化在学习里面,学习活动也已经成了学习者生命本身的自然活动。这种既互相化于对方,同时又似两者俱忘的状态,只有用"乐"才可以形容了。

初起学习时,也就是处在"知之"阶段时,学习者与所学的知识还是分离的,知识还完全外在于学习者的生命;到了"好之"阶段,学习活动和学习对象已经相当程度地内化于学习者的生命里,成了他生命活动的一部分。而到了"乐之"阶段,就无所谓外化与内化,学习者已被学习所同化,而学习活动本身,也已融化于学习者的生命之中了。

这是化境,化境不太好形容,可以借用"庄生梦蝶"的故事略微加以描述:"昔者,庄周梦为蝴蝶,栩栩然蝴蝶也,自喻适志与,不知周也。俄然觉,则蘧蘧然周也。不知周之梦为蝴蝶与,蝴蝶之梦为周与?周与蝴蝶,则必有分矣,此之谓物化。"

不止庄子在梦中化蝶,才感觉"适志";蝴蝶在梦中化成庄子,"适志"的程度是一样的。只是前一种情况庄子知道,蝴蝶不知道;后一种情况却只有蝴蝶知道,庄子无法知道而已。学习如果到了这般学习者与学习活动互相化入对方的境地,就真像庄子和蝴蝶一样,不知两者究竟是谁变成了谁,也无分于梦境还是醒时了。这是一种乐极的人生状态,人生只有在此种情况下,才会真正进入"极乐世界"。

学习是人的天性,也是人类与生俱来的本能,但是如何将这种天性最大限度地发挥出来,让这种与生俱来的本能得到最大限度的展现和发挥,确实是每个人终身面临的课题。英文谚语"Live and Learn",就是"活到老,学到老",这件事情其实并不简单,因为这样说好像仅只是一种态度,其实学习活动,如果不到"乐之"的程度,不仅动力不足从而导致精力不够充沛,而且也不能使学习直接化为生命的快乐本身,从而使生命感到无法抑制的愉悦和无所牵挂的欢畅。生命只有在无法抑制的极度快慰和透骨舒畅的情况下,才是最幸福的,也才是能量最足、活力最强、状态最佳的。只有达到了"乐之"的状态,才是真正进入了不必懂得而已懂得,不必刻意学习却无法抑止学习的物我两忘的出神入化的境地,同时也因为学习真正到达此种境地,生命才会进入最佳、最美的状态之中。

因为在学习的过程中,已经达到了"乐之"的状态,生命的活动也已彻底成了学习的过程,所以才能不顾生活的艰困,即便是"饭疏食饮水,曲肱而枕之",仍能"乐在其中"。这就是《述而》篇所展现的孔子的境界,也是颜回能在"一箪食,一瓢饮,居陋巷,人不堪其忧"的情况之下,仍能"不改其乐"(《论语·雍也》)的真正原因之所在。苏格拉底,能够坦然为所学去死,以身殉学,也正是因为所学已经跟生命合而为一,生命就是所学,为了所学而献身,也就不再是牺牲和献身,而是完成生命的内在使令,接受生命的内在使令去完成生命。这是再自然不过的事情了,不需要任何人为的成分,包括坚持操守、捍卫理想之类。

《论语·述而》还记载了下面一则故事,说是有位叫"叶公"的人,向孔门的弟子子路问询孔子日常生活的情状,子路一时不知道如何答对。孔子知道了这件事情之后,告诉子路说:"你怎么不告诉他说:孔丘这个人哪,整天发愤努力,连吃饭也经常想不起来。他每天乐在学习之中,快乐得忘记了人间的一切烦恼和忧愁,就连自已快成老年人的事实,都已经完全记不起来,好像渐渐老去的不是自己一样。"(原文:叶公问孔子于子路,子路不对。子曰:"女奚不曰:'其为人也,发愤忘食,乐以忘忧,不知老之将至'云尔?")每日处在学习之中,真正达到了物我两忘的程度,内心的快乐达到何种程度,才能进入这样的生命状态啊!

　　这,就是真正"乐之"的境地;这,才是真正的"乐之"境界。到了这种境地和境界,人已经不会再用心于吃饭、睡觉,甚至连时间都忘记了,生命在学习的过程中,化掉了烦恼忧伤,化掉了衣食住行,化掉了外界和自我,化掉了空间和时间,已经彻底跟天地的"化育流行"融为一体,分不出彼此了。真可说是"此乐何极矣!"

第二函 处世的智慧

第一札　为什么说处世是人生的社会需要？

　　人,生而有身,落地进入生活世界,跟各种人交往的关系,也便从此开始。未谙世事的年龄不算,懂事以后,就对人与人之间的交往关系,慢慢产生了自觉的意识。随着年龄的增长,就要学习一些处世的知识,在学习跟各种人相处和实际交往的过程中,渐渐体会各种不同情感,同时悟出很多相应的道理。

　　群居共处,虽然出于人类的自然本能,每个人都会在不知不觉中,进入与他人相处的状态。但人是有自觉性的社会化动物,凡事多少都会稍加考虑,因此就无法不对交往目标产生选择。起初选择多半都在进行中产生,随着年龄的增长,经验越来越丰富,很多事情包括交往,就在事前选择了,包括目标、尺度和方法。选择交往目标,主要来自需要。

　　根据一般的观察,进入人际交往,大致出于以下几种不同需要:一是寻求经济援助或提供经济生长条件与机会,以达成脱困致富或者发家致富的目的,这里也包含求人施舍,谋人货财的不良企图；二是寻求社会地位攀升，通过交往获得帮忙，实现职位晋升，里面包括结党营私、排斥异己等不良用心；寻求解决生理问题的对象（一般指向异性，但也不限于异性），涵盖正常的恋爱、婚姻和其他交往，自然也包含单纯贪好美色甚至肉欲，不论道义的非法非礼行径；找人倾诉失落，解脱心理苦闷，包括过度依赖倾诉对象，失去独立勇气和信心的情况；寻求说话对象，找人闲聊解决孤独，包括寻找交流对象，找人讨论问题，个别好辩成癖的情况，也可包含其中；寻求名师指点，找人帮助成长，寻找人生道路，这里面同样含有过度依赖，甚至依恋、失去自我等情况；寻求知音或者同调，互相倾诉心曲，交流人生体会和感悟，这项大约最高等，也最高洁。

我无意在这里延伸心理学家马斯洛的需求层级理论，只是就《论语》书中的相关说法，阐发一点个人对人际交往关系的了解和分析。

孔子虽然没有论说到这些，但根据我们的所见所闻，可以在上述问题上多加注意。多用一分心思，就多一分增加涵养的有效性，也少了一分给交往对象增添烦恼、造成无意识伤害的可能性。

按照孔子的说法，"君子求诸己，小人求诸人"。凡是有内在成就自己愿望的人，都会经常反省自己的过失，而不是总去别人身上找毛病。《论语·颜渊》中还说："君子成人之美，不成人之恶，小人反是。"

虽然我们今天已经没有必要一定要把自己培养成君子，但至少还要把自己朝诚实、守信和具有公共性的方向上引领,不能将自己变成一个纯粹自私自利的人。这不仅是为了关怀他人,就算单从自身的角度考虑,一个自私自利的人,活得其实也并不愉快。凡事首先检查和反省自己,看看自己什么地方不对;而不是总去找寻别人身上的缺点,一旦出现问题,不是首先把责任推到别人身上,而是先要从自己身上找原因,看看自己什么地方做得不妥。时常反省自己,不总去苛求于人,这才是与人相交时的正常心态。在与人相交的过程中,还要在可能的情况下去成全别人,帮助别人朝着成长的方向前行,助人成善;不能拉人下水,帮人学坏,也不能总把别人往坏处想,更不应该破坏人家的好事。非让人家难堪或者倒霉,自己心里才舒畅,这是非常不良的一种心态。一定要克服掉这种心态,才能进入正常的交往。

第二札　为什么强调人生要有一定的修养？

　　您也可以不必非把良好的个人修养放在交往的首位上考虑,但您至少在这方面要用点心,多关心、帮助别人,于人于己都有益处,就像那句广告词所说的一样:"你好我也好,大家好才是真的好。"有了这样的心态之后,才会在交往中不断提升自己的人生品质,也只有在这样的心态下,才能交到好朋友。交到什么样的朋友,在多数情况下首先取决于自己是什么样的人。老百姓有句通俗的话叫"鱼找鱼,虾找虾,乌龟专找癞蛤蟆"。这个说法,应该是有相当经验依据的。当然,这已经涉及交友之道,本篇不拟多说,向下还会设专题讨论。

　　如果把建立交往关系,当成是为了让自己学知识、长见识,获得人格上的进步,那么就得怀着"见贤思齐,见不贤而内自省也"(《论语·里仁》)的向善心态,只应严格要求自己,不宜苛责对方,这样才能不被人家所厌烦、所怨憎,这就是孔子所说的"躬自厚而薄责于人,则远怨矣"(《论语·卫灵公》)。

要做到这一点，必须首先心怀善意，孔子说："人而不仁如礼何，人而不仁如乐何？"（《论语·八佾》）一个内心对他人不怀友善和好感的人，在交往的过程中，是表现不出温文尔雅和礼貌大方的，更不会给人带来舒服和愉快。与人交往，虽然是人类必不可免的行为，但任何人、任何形式的交往，都不是为了给自己找罪受，如果自己不能友善地对待交往对象，就会给别人带去受罪、折磨的感觉。这样的交往，就等于用特定的方式去害人了。当然这种交往关系一般也长不了，因为没人愿意接受这种交往。但有些带着明显这类特点的交往，在人生中却往往不可避免，比如亲代与子代之间、兄弟姐妹之间、亲族之间、同乡、同事之间，往往躲避不开。经常有人用道德绑架等方式，胁迫对方或者强人所难。还有用情感绑架人的，比如用亲情、乡情和友情绑架对方，爱情里和婚姻中也时常存在"绑架"的情形。诸如此类，都会造成对方心理上的极度不快，影响交往的质量，同时削减交往下去的意愿和信心。在实际交往的过程中，孔子的"己欲立而立人，己欲达而达人"（《论语·雍也》）的话，应该说是有相当指导意义的。这话看起来很简单，但在实际生活中想做到却不容易。

每个人可能都真心希望别人能好起来，但多半都只希望对方"像自己一样好"，如果自己情况不好，这种希望别人好的心理就会在不知不觉间大打折扣。自己有了身份、地位和较为富裕的经济生活，就不希望被别人用各种方式"绑架""勒索"。当自己情况好于别人时，说起"己所不欲，勿施于人"（《论语·卫灵公》)来，个个都理直气壮；要是自己生活情况相对较差的时候，又多半会去埋怨那些跟自己有关而条件稍好一些的人，说他们不重亲情，说他们不够"哥们"，说他们只顾自己，说他们"从小喝的家乡水，如今忘了杜鹃山"，甚至说他们"为人不仗义""为官不义""为富不仁"。晚明思想家王夫之，曾经为族中子弟互相争斗之事，写信劝导他们和睦相处，告诫他们说："弱者不可妒忌强者，强者不可侵凌弱者。"还劝谏他们："有贫弱者，当生怜念，扶助安生；有富强者，当生欢喜心。"(《王船山年谱·丙寅岁寄弟侄》)这种话听起来正大光明，但要让听者心里真正接受，却是一件非常不易的事情。就王夫之上面的话而论，族中那些"贫弱者"，会觉得他在袒护侥幸得逞的"富强者"；而个别"富强者"，同样会觉得他在包庇那些由于懒惰不争而陷入"贫弱"的人们。假使其中的富强者与贫弱者因为某种意外的原因暂时和解，大家聚到一起多半不会感激王夫之，而极有可能一起数落他，说他"站着说话不腰疼"，只会在一旁说风凉话，不能帮助任何人解决实际生活问题。

　　人间的事情难办，人与人之间的关系难处，就是因为大家多半都只是站在自己的角度考虑问题，很少能真正站到对方的立场上去感受他的处境，理解他的心情。

　　多从他人感受的角度去考虑，就是一个有修养的人。做个有修养的人，不仅会少惹不少麻烦，还会受到很多人的尊重，更重要的是，有修养，对于自己来讲，也是生活中一件很大的乐事。

第三札　为什么要强调尊重是处世的基本出发点？

孔子说:"人之过也,各于其党。观过,斯知仁矣。"(《论语·里仁》)在生活中,确实有一些利益相近、臭味相投的人们,经常聚集在一起,对不同利益群体或者个人说短道长,甚至编排故事诽谤人家,情绪过激时,还会辱骂甚至"下绊子""挖坑"。互相鼓荡邪劲,互相努力将自己"党"的成员推向为自己"党"出气、为自己"党"出手的极端化情绪状态中去,制造了很多不和谐,也使得自己的"党"成员的品质通体一起下降,滑入深渊,堕入深谷。孟子的"吾闻出于幽谷迁于乔木者,未闻下乔木而入于幽谷者"(《孟子·滕文公上》),正是对这种情形的警告和批评。有崇高的人生道路不走,偏偏要一起堕入利益的幽谷中去,这是人生一个很难摆脱的困境。这种困境自然与实际生活水平不高有关,但也与个人修养有关,不注重个人修养,只关心自己的利益,就不可能使自己的人生品格"出于幽谷,迁于乔木"。当然,人生也不一定非要向圣贤看齐,可是追求高一点,目光远一点,心量宽一些,对心理健康有益,生活的品质会跟着提升,幸福感也会随之增加。这就是我在这里宣说孔子处理人际关系说法的真正目的,不是让大家去做圣贤,只是希望大家过得更好些。自己心境好一些,对待别人的态度也会随之好起来,自己就可能受到别人的尊重。因为受到别人的尊重,自己生活的信心和幸福的感觉,都会因此得到相应的提升。

与人相交的用心,其实包含了自己实现幸福的可能,忽视这一点,苛求别人,对别人非礼,反过来伤害的最终还是自己。

与人交往,包括一般性的交往和有固定目标、对象选择的特殊交往。一般的交往,多半是自然遇到的,比如走在路上会遇见陌生人和熟人,比如在成长的过程中,自然会接触很多乡人、亲族中人,还有老师、朋友、年长者、年龄相仿者、年幼者等。

除了睡觉,人生到处都是与他人相处的境遇,人生无时不在与他人的交往过程中。"君臣之义"可以"逃乎天地之间",但跟人打交道,却是无论如何无法避免,就算你入庙做和尚,或者进山当隐士,一样还要与人打交道。没有一成不变的相处方法,跟不同人相处,在不同境况下相处,方式都要随着具体情况而改变。

现在我们就拿《论语》中的几条记载,将孔子做个样本,看看他老人家是如何与人交往的。

"子食于有丧者之侧,未尝饱也。"(《论语·述而》)如果在吃饭时,席间有穿丧服的人,孔子总是吃不饱。不是因为害怕或者心里厌烦,而是因为同情丧者,没心思饕餮,所以吃不饱。这是对生命的礼敬和尊重,也是对生命逝去的哀婉和伤怀,无论逝者是谁,与自己是否熟悉。

若是在路上遇见穿丧服的,哪怕平日里熟悉到可以打打闹闹程度的,也会改变平时的交接方式,变得严肃庄重起来。"见齐衰者,虽狎,必变。"(《论语·乡党》)这种态度跟"子食于有丧者之侧,未尝饱也"是一样的。

尊重人,尊重生命,是孔子的行为习惯之一,所以才有上朝回到家中,听说马厩失火了,赶紧问是否伤到人,而后才想到自家的马。(厩焚。子退朝,曰:"伤人乎?"不问马。《论语·乡党》)当然我们没有必要因此指责孔子,说他站在"人类中心主义"立场上讲话,无视或者小视其他动物的生命,因为在他那样的时代想不到这些,就是今天,我们能想到这些,也同样做不到这些。假使真做到了,反倒会被人指责贪财恋物,无视人的生命尊严和存在价值。

尊重生命,其实不止表现在对逝者和有丧者的态度上,还表现在对生者的态度上。《论语·乡党》篇有"乡人饮酒,杖者出,斯出矣"的记载,是表明孔子尊重老者的一个例证。

与人相交,要懂一些基本的礼貌,比如尊重老者、敬重贤者、关怀弱者、学习能者等。世事洞明皆学问,人情练达即文章。《红楼梦》里的这句话,不能被庸俗地用在利用人际关系谋取私利上,应当用在了解人心、体察世事、关怀别人、帮助别人上面。

　　人间的交往关系很多,这里不可能一一列举,也不必一一列举。了解交往是人类的必需和必不可免,多从他人角度考虑问题,帮助别人,会给自己带来成就感,也能增加自己生存的意义感。如果真能达到使"老者安之,朋友信之,少者怀之"(《论语·公冶长》)的境地,那将是人生一项伟大的成就,那是一幅别人开心,自己也开心,大家都能共同欢愉的美好人间画卷。

　　画卷虽然美妙,但在交往的过程中,还要尽量体会交往对象的实际处境和现实苦衷,如果交往对象深陷在生存的困境之中,每天为生计奔忙,真要多体谅对方,不要对对方提出过高、过甚的要求,不要把普通人的交往,当成圣贤之间的交流,大家活得都不易。

第四札 "人焉廋哉"究竟是怎样一种察人的智慧？

接下去要谈交朋友，这是一种有固定目标选择的交往，朋友不止是人生的重要一伦，更是人生中特别不能缺少的重要内涵。交友和一般的交往不同，更需要选择，更需要学习。在交友之前，最好能先学会识别人的功夫。

《论语》记载樊迟问孔子说，怎样才算是有仁德的人？孔子回答说："爱人。"樊迟又问孔子：什么样的人才算是有智慧的人？孔子回答说"知人"。（《论语·颜渊》）

咱们这篇不说"爱人"，单说"知人"。

孔子说："视其所以，观其所由，察其所安。人焉廋哉？人焉廋哉？"（《论语·为政》）

"人焉廋哉"，可不是"人怎么会这般瘦弱"的意思，而是"人哪里还会隐藏得住"的意思。这里的"廋"，不读瘦弱的"瘦"，读搜索的"搜",因为字形相近,极容易被错看成瘦弱的"瘦"。"人焉廋哉",是孔子和孟子用来观察人的内心世界的专门性用语,因为后来很少使用,已经比较生僻,容易被望文生义,产生误解,所以这里才做些解释。

如果想要观察一个人,那就要看他做了什么,了解他为什么去做,同时还要留心他平常喜好什么,主张什么。"所以",就是"做了什么";"所由",就是"为什么去做";"所安",就是习惯于怎样,平日里"以什么为安,以什么为妥"。

如果一个人平日里喜好的,跟所做的一切事情,还有做任何事情所使用的方法,与平常的用心都不相违背,那他就是一个表里如一的人。如果一个人所做的事情跟他平日里的主张不一致,或者他的做事方法不符合自己平日里的坚持,那他就不是一个可以轻易信赖的人。

道理虽然听起来很简单,但在实际观察人的过程中却有相当的难度。被观察者的目的或者用心越是不可告人,那么这种目的性和用心,在行动中的隐秘程度也就越深。观察的难度,自然就会随之而增大。

朱熹解"廋"为"匿",就是隐藏的意思。根据《论语章句集注》中的说法,孔子在这段话中,由前到后使用的三个词,就是"视""观""察",三者是层层递进的,一个比一个用心程度深。咱们可以据此再做进一步的理解:"视",只是一般地看;"观",应当是注意地看;"察",则是专门用心细致地看。在孔子看来,考察一个人,要分别从他的做事、从他为什么做事,还有他平日里的主张和坚持,三个层级不断深入考察,这样才能更加深入地了解到被考察者的"真相"。

其实朱熹在这里所理解的,未必就是孔子的全部,孔子的话里本应包含更宽的内容:如果一个人平时没有操节,没有惯常的坚持,那么他也就不可能做出对多数人有益,或者面对邪恶的势力而敢于坚持正义的事情来。机会主义者或者功利心强的人,做事往往不择手段,严重时自然就没了底线。因为这种人只问能不能获利,不问能不能成事,就算必须借助成事以获利,也不会去考虑有没有损害,更不会去关心和考虑做成了这件事,对其他事情或者人心风俗是否会造成另外的损害。

判断一个人确实很难,所以我们对历史上和生活中的很多人的判断,经常会出现不小的差误。只说在生活中,我们都会自觉不自觉地按照自己的判断去评价人,考虑是否与其交往,还有交往的方式及交往的深浅、疏密程度等。如果出现判断失误,按照错误的判断做出决定或者选择,就会造成大小不同的损失,甚至还会受到程度不同的伤害。如果判断出现方向性和原则性的错误,那问题就会更加严重。所以,我们在考察生活圈里的人时,都应该首先做出必要而且相对准确的判断。

人世间绝对正确的判断其实是不存在的。任何判断,尤其是对人的判断,只具有相对的正确性和准确性,我们只是需要尽量增加判断的准确性,以减少因为疏忽而产生更大、更多失误的可能性。

第五札 "眼睛是心灵窗户"的发明人是谁?

孔子过世两百年左右,孟子也用"人焉廋哉"来谈论对人的观察问题,大约是继承了孔子的说法,可以被看作是接续孔子,继续探讨观察人的问题。孟子没有照着孔子说,而是又有细致的新"发明",是真正的"接着说"。

"存乎人者,莫良于眸子。眸子不能掩其恶。胸中正,则眸子瞭焉;胸中不正,则眸子眊焉。听其言也,观其眸子,人焉廋哉?"(《孟子·离娄上》)

"眸子"就是眼珠,"瞭"是明澈;"眊",朱熹在《孟子章句集注》中说是"蒙蒙目不明",也就是眼神不够亮,眼神不清明的意思。

如果一个人胸中正大,那他的眼光就会直切而明亮;如果一个人胸怀不正大,那他的眼神就会游散而缺乏光泽。听他说话,看他的眼神,他的真正用心和实际为人,就没有办法隐蔽了。说得更直截了当一些,就是孟子告诉我们,观察一个人,就去听他说话的"音声",同时尤其要注意看他的眼神。

孟子把人的眼睛,当成胸中所隐蔽不住的透视点,真正是"独具只眼"!现在我们经常挂在嘴边上的"眼睛是心灵窗口"的说法,据称是意大利文艺复兴时期著名画家达·芬奇绘制人物肖像画的妙悟。其实孟子早就发现了人类心灵跟眼神之间这种难以隐蔽的对应关系,只是达·芬奇重视用眼神来"表现"人的内心世界,而孟子则强调通过眼神来"把握"人的内心世界。"把握",重在哲学意义上的"本体"层面,而"表现"重在美学意义上的"功用"层面。功用虽灵便,本体更深邃。

孔子告诉我们,观察一个人,要看他的目的、动机和做法;孟子告诉我们,观察一个人,要听他说什么,还要辨别他说话时"声"和"音"的清明度与含混度、稳定度与游走度、诚恳度与忽悠度等,尤其要看他的眼神里表现出了什么。后来的"察言观色"这一成语,其实跟孟子这段话所表达的意思是完全相同的。孔子和孟子这两位伟大的先哲,一位从目标伦理学的角度说,一位从表现心理学的角度讲,合在一起,再添加点具体内容,就能形成一套观察人的完整系统、深密的专门学问。

对于观察人这件事,孔子只讲了要从心里真实趣向,也就是目标的正大与否上去了解,可以叫作"一个中心";孟子却强调要通过说话的声调音色,还有说话时的眼"神"这两个重要表现点上去了解,可以叫作两个基本点。

当然,孔孟讲这些,是为了让世界上布满正大的仁义氛围,以防范被别有用心的利欲之徒,尤其是怀有邪恶用心的坏人或者小人蒙骗。避免上当，不只是为了免受损失，更是为了"守身"于正，同时也是为了维护人间的正义。他们都是在本源上立论，从根本上做功，而不是为了给处理人际关系提供简单的"攻防策略"；也不是为了给市面上流行的产品推销、保险接受等，提供实用性的方法；更不是为了帮助人们实现如何了解领导的嗜欲，从而去投其所好，以方便献媚和行贿，达到勾结、获利、攀升等不良目的。

前些年，卡耐基的作品在中国非常流行。卡耐基是了不起的心理学家，也是成功学的大师，他确实发表了很多看人、做事的说法和论断。但是很多读者却把他的《人性的弱点》等著作，都当成一种如何了解对方，从而讨好对方的"谋略"。其实这是一种误解，卡耐基自称自己的座右铭："第一是诚实，第二是勤勉，第三是专心工作。"看来这位优秀的美国人是被很多中国读者误读了。读外国的书籍，虽然也需要"中国化"，但把一切有意义有价值的东西，都拿来为自己的现实功利目的服务，这可不应该是"中国化"的有益目标。如果是这样，我们就永远不会被意义和价值所"化"，而只能被"有用"，也就是实用性和功利性所"化"。"化"是因为对方好而去学习，慢慢达到不分彼此的状态；不是因为对方有用，从而借用一下或者利用一下的意思。"化"在汉语中的真实语义，应该就像"庄生梦蝶"里的庄子和蝴蝶一样，分不清究竟谁是谁，分不出彼此的一种"互化"，不是单纯地"我把他化了"，却不让"他把我化了"。其实当你"化"了对方时，你也就同时被对方所"化"了，否则就是没"化"。只是一方"化"了另一方,那是"吃",吃完了虽然也能"化",但那是"消化",不是"互化"。只想消化对方,却不想被对方所化,借用佛学的话语说,那叫"分别心"太重。用我们日常的话语说,就是功利心太强。

孔孟以"人焉廋哉"教人,是为了防止被坏人所蒙蔽,不是为了教人阻截认真吸收好的思想和理论。以保持自己独立性为借口,将一切有价值、有意义的理论和思想,都仅仅当成可以被自己利用的工具,这是典型的功利化,"中体西用"之类,明显出于这种用心。读者朋友们在阅读他国书籍时,需要注意时刻提醒自己,这样才不致将中国化简单轻易地等同于功用化或者功利化。

其实"观人"只是过程,不论是孔子从目的、用心上考量,还是孟子透过"音频"和"视频"来考察,目的都是为了自己不被污秽所浊,至于能否阻止"坏人做坏事",那都是另外的问题,不是孔子和孟子上述说法的主要指向目标。

"始,吾于人也,听其言而信其行;今,吾于人也,听其言而观其行。"(《论语·公冶长》)观人的正面用意,就是劝人放正用心,只要心思放正,也就不必隐匿,有了"公信力",也就无需故意拿些假大空的口号去蒙骗、欺哄和忽悠他人。人要是没了信用,失去公信力,就像车子没了辕子和方向盘一样,朝什么方向走就没了定准,同时也不受任何制约了。"人而不信,不知其可也。大车无輗,小车无軏,其何以行之哉!"(《论语·为政》)孔子的这句话,讲的大致就是这种意思。

孔孟和后世的真正儒者，都真心教人做一个表里如一、言行一致的诚信之人，就算不必非要做君子，当一个真正值得信赖的人，也不仅是应当的，而且是幸福的。因为被信赖，显然是人生幸福的重要指数之一。

　　孔孟所说的"知言"，还有后来的理学家们，如南宋胡宏所著的《知言》，在一定角度和程度上，都可以被看成是对孔孟所说"观人"要诀的进一步细化和说明。当然，"知人"不止是了解他人，还要借此评价世事，所以才有知人论世的说法。

第六札　作为知人有效方法的"知言"是什么意思？

《论语·尧曰》篇里说："不知命,无以为君子也;不知礼,无以立也;不知言,无以知人也。"其中的"不知言,无以知人也",讲的是通过人的话语,可以了解人的内心的道理。

因为除了生理有严重缺陷的白痴或智障者,正常人的话语,都是一种内在心思的外在流露和表达。心中所欲、所念、所思、所想,都可以通过话语表现出来,无论是直来的,还是曲来的,明来的,还是暗来的,语言都无法掩饰内心的真实目的。因此,通过对发声、发言者话语的了解,就能看清他内心里的真实所想。这就是孔子说的"知言",也就是了解人的言语和内心关系的意思,"知言"的目的在于知人。

孟子有个学生叫公孙丑,问孟子有什么特别厉害的本领,孟子回答说有两个,一个叫"知言",一个叫"养气"。公孙丑问

"什么叫知言?"孟子回答说:

通过偏颇的言论,我能知道发言者在哪种地方陷入了片面;通过浮夸的言论,我能了解发言者在什么地方远离了事实;听到邪妄的言论,我能辨别出他在哪个地方偏离了正道,或者他什么地方没看清;通过执泥到不能自拔的言辞,我能了解发言者、说话人陷在什么样的困境中;通过不正当的言论,我能察觉发言者的偏失出在什么地方;通过游移不定、闪烁其词的话语,我能确定说话人在什么地方不敢叫硬。(《孟子·公孙丑上》:诐辞知其所蔽,淫辞知其所陷,邪辞知其所离,遁辞知其所穷。)

孟子自信"知言"和"养气",是自己的两件"绝活",远远超过别人,其中"养气"是向内自我"铸造"的人格工夫,"知言"是对外辨别是非、真假、善恶的"观察本领"。内在的"养气工夫",是对外"观察本领"的基础和根据;对外观察人的本领,是帮助对内"养气"、做工夫的条件。两者内外互动,相推并长,"你来我往",从不间断,人格的修养和观察的本领,都会在这种不间断的过程中得到加强。

我们今天学习这些话语,需要消解其中儒家道德价值至高无上的意味,以便开启具有更广阔认知意义的新途程。宋代有位哲学家叫胡宏,他写过一本小书,叫《知言》,就是从上述孔孟的话语中得到的启发。他的用意,有像孔子和孟子一样试图通过不正当的言辞,了解发言者背后"不正当"目的的用心,同时也存有像孟子为了"判教"而"辟杨墨"之类的明显倾向。胡宏和孟子一样,都把自己扮演为圣人"使徒"的角色,历史上的儒家学者都这样。但胡宏的书里,同时也含有很多指向自然世界和人类社会认识的内容,躲开其中强烈的"攻乎异端,斯害也已"(《论语·为政》)的反佛、道的意味,《知言》确实是一部有很深人生体会的好书,启发性很强。

年轻时曾写过《胡宏》一书,受胡宏感召,也有过追求圣贤的理想热忱。那时节,技术远没有今日发达,我们虽然也都有眼睛,却看不到敞开的世界,所以才产生了那般自高自大,同时又虚无缥缈、错定了方向的"做圣贤"目标。随着改革开放的不断深入,技术的高度发达,我们眼中的世界不再像从前那样狭小、封闭,这就使得我们清晰地看懂了世界的安宁和生活的和谐需要的不是圣贤,而是合格的公民。所有人都是公民,道德意义上的圣贤不应再成为我们的崇尚。

我们今天学儒学经典,只需学习他们独到的人生感悟与体会,让《论语》《孟子》和《知言》等,在提升我们的认识水平、增强我们对生活的体会能力、滋养我们的精神生命方面,发挥有效的功能和作用就足够了。我们成不了圣人的"使者",也不必再去强行扮演那样的角色。

第七札　孔子和南子之间到底发生了什么事情？

圣人是人，他也有属于自己的普通生活。我曾经把从前讲《论语》的书称作《圣者凡心》，但是在那部书中，还是讲圣者的多，讲凡心的少。这次想借从另外角度写孔子的机会，跟朋友们说一说平凡的孔子。当然平凡的孔子也是孔子，不是庸庸碌碌的生存者，圣者的凡心，还是圣者的凡心，不是普通人的凡心。

很多人试图彻底将圣者凡人化，有关这方面的东西，大家可以参看林语堂先生所写的孔子。

林语堂喜欢从普通人的角度看孔子。1929年6月8日晚，山东曲阜第二师范校内演出了林语堂写的一个剧本《子见南子》，演出尚未结束，孔氏后人就集体愤然离去。几天之后，一封由孔氏后人联名，家族长带头署名的上告信就飞到了南京国民政府。信中指斥该剧丑化圣人,对孔家不敬,对中华民族的历史文化不敬。要求国民政府立即介入,查封此剧,惩办编剧等人,开除校长。这件事引起了当年国内文化界特别大的一场风波,国民政府下令山东省严查此事,弄得天下汹汹,鸡飞狗跳,风波所及,数年未息。最后还是以校长宋还吾被撤职、"换岗""另有任用"了事。

这部剧遭到很多人的非议,比如这部剧中,几乎把卫灵公的妃子南子,写成了孔子的梦中情人。剧本说孔子见到南子时56岁,慨叹"直到见了南子",自己才感到人生的意义和价值云云。就连在《论语》中因此事质问孔子的子路,在剧中也都陶醉在南子及歌妓们的美妙舞蹈和声乐里。

可是鲁迅先生却勇敢地站出来,为林语堂和宋还吾打抱不平。觉得那些"圣裔"们太过凶蛮,国民政府和很多"大先生"们太过"冬烘",太过"乡愿"了:孔子也是人,为什么不可以欣赏妻子以外的女人?要让历史活起来,对历史做点改造是必要的。鲁迅先生的话是否隐约存有这样的意思,确实很难说。不过很多人真是这样理解的。

有关子见南子,《论语》的《雍也》篇是这样记载的:"子见南子,子路不悦。夫子矢之曰:'予所否者,天厌之,天厌之!'"这段话一般都被解释成:孔子去见南子,子路很不高兴。孔子马上发誓说:"如果我做了什么不妥当的事情,那就让我遭天打雷轰!"南子是当时卫国的国君卫灵公的宠妃,掌控着卫国的政事,盛传是一个放荡的女人。孔子见南子干什么?子路为什么不高兴？孔子为什么发毒誓？有关这些情况，向来的说法都是混沌不清的。

前几年由胡玫导演的电影《孔子》，在全国各地上映。周迅饰演南子，周润发饰演孔子。子见南子这一段，剧中的孔子穿戴华美，长须飘洒，跪在大殿中央，等候南子的接见。南子则是富丽堂皇，绕着孔子转来转去，仔细打量，认真咂摸。然后很贴近地单跪在孔子的面前，"巧笑倩兮，美目盼兮"地问孔子："有句话，窈窕淑女，君子好逑。请问夫子是什么意思啊？"孔子答："这首诗的意思就是：君子好美但求之以礼。"南子问："在诗三百篇中，有好多篇是关乎于男女情爱啊？"孔子回答说："诗三百篇，可以用一句话来概括它，就是：情思深深而没有邪念。"

导演说，这段没有别的意思，就是南子向孔子请教问题。难道女人们都是以这样的方式和态度请教问题吗？她为什么不问别的什么问题？

要知道，《诗经》是孔子删改过的，即使这样，里面男女的事情还是特别多，而且也有翻墙私会之类的描写。

我说这一段，主要是想跟大家讲，圣人也是人，唯因他也有七情六欲，他才是中国文化体系里的圣人，而不是基督教、伊斯兰教、佛教里的教主。中国文化的圣人是什么意思？就是无论中国的哪个人，就算被上升为神，也还是充满人性和人味的神，而不是干枯的，像标本一样的，完全不食人间烟火，没有任何人性特征和缺陷的上界"神灵"。

实在地讲，按照我个人对《论语》的了解，这次见南子，孔子确实有了明显的心理上的变化，被子路看出来了，于是才很生气地去"质问"孔子，孔子于是发了一个毒誓，向子路申明自己没有错。至于为什么发誓，我也说不清楚，因为《论语》并没有交代明白，不好随便猜测，虽然不一定非得跟男女之情有关系，但就算有关系，也没什么大不了。

至于林语堂在《子见南子》的剧本里所说：孔子见了南子，说了一通自己五十多岁了，见到南子才知道什么叫人生的价值和意义。好像"知天命"，就是认识到自己缺少一个知己的美女，至少很多人会这样理解。我只想提醒大家，林语堂先生写的是剧本，而且是在20世纪二三十年代中国社会要求个性解放、强调自由幸福的必要性的时代背景下写的，这一点有识者都是心知肚明的。采用借古喻今的手法，本是剧作家的正当防卫。鲁迅先生的"抱不平"，也不是认定孔子和南子一定有什么情欲瓜葛，而是为了"反封建"，反孔氏家族的特权。

当然，孔子对南子的态度，也不会像胡可贤的粤剧《孔子之周游列国》中所表达的那样，有如柳下惠一般，经受了美女色诱的考验。那是唐僧，出世间的圣人，神话小说《西游记》里标本式的苦行者。孔子是现世主义者，不必要非得像佛陀一样才算伟大，他的伟大不在这里，而在于他"入于俗而不流于俗，高于俗而不离于俗"。

这是我在《圣者凡心》一书里说的话语，意思是说孔子虽然高过世俗,但却不曾脱离世俗,他一样有世俗人的七情六欲,孔子也生活在社会生活当中,而不是悬浮在空中,或者高挂在天上,但他却能不被现实社会的生活羁绊住,不被七情六欲捆绑死。现实的生活,淹没不了他对理想的追寻,他不会为现世的生身幸福,放弃自己的理想,停下自己奋斗的脚步。如此而已。

第八札　女子难不难养的原因在哪里？

大家都知道，孔子在《论语》中说过一句让今天的女性们听起来很不顺耳的话，就是"唯女子与小人为难养也"。很多人为孔子开脱，认为这里的"女"字就是古代的"汝"字，说孔子说的是一些人——"你们"，更有甚者，说现在的房价和物价都太贵，所以养老婆和孩子很艰难，把这句话中的"女子"说成是老婆，把"小人"说成是小孩子。其实没有必要替古代的孔子进行现代的辩护。看看施氏和南子，还不够难养吗？多难相处哇！"近之则不逊，远之则怨"，这样的话太像是说南子这些人了。过去很多的女性不就是这样吗？你要是跟她由远及近温和地相处，她就不再把你当回事，随便轻慢、亵渎你，这叫不逊。你要是跟她由近及远，稍微拉开一定的距离，"忘恩负义""不念旧情，说变就变"，甚至"狼心狗肺""该死的""杀千刀的"等类的话语，就会一股脑倾泻给你。

这里最关键的在一个"养"字，当时的女子，要靠男人养活，如果男人们靠女人来养活,女同胞们是不是同样会说:"唯男子与小人为难养也"呢?

当然现在的情况变了,因为女同胞们基本不靠男人养活了。

我讲这样一段,不是为了揭示孔子的隐衷,也不是为了撩拨女同胞们敏感的神经,而是为了说明培植出人生的理想不容易,实现理想就更艰难。年轻的孩子们不懂,可是等到懂了,追求理想的劲头可能也没有了,就算有,追求的勇气也早已消耗得差不多,不敢甚至不想再去为了追求理想付出那样多的艰辛和努力,只要过得去,苟活下去就行了。

这就是在这个世界上为什么真正了不起的人那么少,而平庸过活的人那么多的一个最重要的内在原因。当然我不是在这里说平庸有什么不好,可但凡有机会,谁都不想平庸。

今日的女同胞们,见到上面那条"女子小人难养"的话,不必咬牙切齿,因为在孔子的时代,有他那样的想法,一点都不奇怪。只是我们要知道,有关如何与女同胞或者异性相处,孔子和传统时代的后世儒家们,没有谁能为我们提供哪怕是一点有正面意义的经验和教诲,因为在他们所处的时代,在各方面均处于劣势的女性,是甚少可能和机会被摆放到平等相处的位置上去考虑的。因此,与异性相处,既没有成为生活中的事实,也没有进入真正的话语体系,思想家们也就因此而不会去思考这样的问题。这不是儒家的问题,而是传统的政治、经济、生活和文化的问题,一句话,是时代的问题。孔子和后世儒家学者轻贱女性、防范女性的说法，只不过是反映了那个时代的实际情况而已。在那样的时代里，女性不过是工具，生殖和生活所需要的工具，男士们如果能够像木匠使用锛凿斧锯一样，懂得因为要长期使用，从而略加保护和珍惜，就已经相当不易了。

前面说孔子没有为我们提供任何与异性相处的教训和借鉴，是指在直接的意义上，因为在他所处的时代，大多女子们不是像男士们那样，是同等的独立存在者，由于自然、政治和文化等原因，女子没有独立的经济来源，没有独立的社会身份，缺乏可以跟男士进行对等交往的一切条件，她们只是男士的附庸。所以无论站在男士的立场跟女子交往，还是站在女子立场跟男士交往，这两个问题基本都不存在。不是孔子忽略了对这个人间重要问题的思考，而是那时候客观上并不存在这个问题。

历来的红颜祸水说，还有"河东狮吼""牝鸡司晨""女子难养"等，其实都不足为怪，因为女性在那样的时代里，一直都没有成为受法律保护的独立社会成员，她们只是工具，生殖的工具、生活服务的工具。"堂客"还算是客气的，"老婆""婆姨""娘们"等，有意无意和漫不经心的贬低，遍布生活世界的各种话语角落。只是在新文化运动以后，这种情况才得以慢慢改观。当然，这也不仅是新文化运动的功绩，而是时代发展到了那个阶段——与世界开始接轨，从而受到西方近代价值观念影响的结果。当然，光是观念影响是没用的，主要还是很多女子有了普遍的受教育机会，有了可以参加社会工作的条件和权利，能够赚到薪水，可以自己养活自己，不再靠别人养，所以自然也就没有"难养"的问题了。尽管难养这种话本身,主要指陈女子情绪化倾向比较重,不容易长久相处,但是没有养与被养,就不会出现难不难养的问题,这是毫无疑问的。

　　由经济独立、思想独立、行动独立到心理上真正独立起来,女子由此才真正获得与男士们约略平等的社会地位。但这个过程其实还远未完成,何况还有在生育问题上先天赋予的被动处境?但也不要把问题想得过于复杂,其实只要男士们不在心理上"凌驾"于女子之上,社会能为女子提供足够多的就业和参与事务的机会,不在心理设定歧视——这种歧视很多,不因怀孕和生育导致被用人单位无视或者小视,因为长相好被用人单位看重,因为长相稍弱不受领导青睐,等等。不能被一视同仁,同等对待,都属于歧视。被歧视的对象不止是长相不太好看的女子,也包括长相较好的女子。因为长相好看一些被重视,其实是另外一种歧视,这种歧视就表现在重视长相,而忽视工作的能力和个人的内在发展潜力上,这种歧视往往不为被歧视者所察觉,反倒因为长相好被看重,感觉自己受到重视了一样。

第九札　孔子怎样嫁女、嫁侄女？

旧时代嫁女之类的事情，表面上是女子的事情，其实是男性之间和男性家族之间的事情。因为那时的女子没有独立性，任由父母摆布，嫁女，是父母们借以表达自己人生欲求和人生态度的事件。女子只是男性或者家族、政治集团之间交往关系的媒介。像历朝历代跟外族政权的联姻，都是把女子当作"礼品"而实施奉献或者交换的。后来的人们说起这些女子，经常称她们为民族融合做出了贡献，那都是站着说话不腰疼的场外看客，吃瓜不怕乱子大。看戏者多是不吝惜当事人受苦受难的事实的。

但是孔子在这一点上还真不错，这一点也恰好表现了他作为普通人的正常心态。

据《公冶长》篇的记载，孔子把自己的女儿和侄女分别嫁给了自己的两个学生："可妻也，虽在缧绁之中，非其罪也，以其子妻之。"说的是孔子把自己的女儿嫁给了自己的学生公冶长。

"子谓南容:'邦有道不废,邦无道,免于刑戮。'以其兄之子妻之。"说的是孔子把侄女嫁给了自己的学生南宫括。

为什么要把女儿嫁给公冶长呢?因为公冶长虽然被关押在牢房里,但却不是因为他犯了罪,所以就把自己的女儿嫁给了公冶长。

为什么要把哥哥的女儿嫁给南宫括,是因为南宫括在社会风气好时能找到事情做,在社会风气不好时,能够避免被关进牢房。

南宫括字子容。北宋时有人注释说:公冶长之贤不及南容,所以孔子就把女儿嫁给公冶长,而把侄女嫁给南容,以表达对待哥哥重于对待自己。以免被旁人怀疑对自己女儿好,对自己哥哥的女儿不好。

虽然作为理学家,程颐还是看出了这种解释里的问题,所以他说:究竟把女儿和侄女嫁给谁,是要根据实际的"才"而选择婚配,不应当是为了躲避别人议论。程颐能有这样的分析,其实已经很了不得,这得益于他对自己侄女择偶的见识。程颐的哥哥程颢当年有个女儿,自恃很高,为了找到一位才能足够匹配自己的丈夫而一直未嫁,25岁时不幸因病过世了。程颐很悲伤,为这个侄女写了一篇感人的《墓志铭》,并在其中感叹说:"颐恨其死,不恨其未嫁也。"他赞赏侄女高标尺的择嫁标准,所以才说"不恨其未嫁"。因为有过这种经历,程颐深知嫁给谁,要关照女子自己的选择,这在张扬三纲五常的理学家里,应该说是相当了不起的认识。但是程颐就这个问题说什么"圣人至公"之类的话,就显得非常离题了。

再看朱熹的解释:"夫子称其(公冶长)可妻,其必有以取之矣。又言其人虽尝陷于缧绁之中,而非其罪,则固无害于可妻也。"朱熹又说:"有罪无罪,在我而已,岂以自外至者为荣辱哉?"完全都是在荣辱等外在的标准上考量,根本不顾及被嫁人的人生感受。按照这种逻辑,女子嫁给何人,家长只关心其是否给家族带来荣辱。当然在他们的时代,这样考虑问题或许在所难免,不过今天我们如果还按照这样的逻辑解释这种问题,那就不仅是缺乏现代精神,而且明显有违背基本人道主义的嫌疑。就算我们不站在今天人性的立场来看待这个问题,也能发现朱熹的解说是完全不着边际的。

笔者今天换个角度跟大家一起来分析一下这件事情。

为什么孔子的女儿和侄女说嫁之事,总是跟监狱与囚犯分不开?朋友们看到《论语》中这段话的时候,心里不感觉奇怪吗?

因为被关进牢房却不是犯罪,因为风气不好却没被关进监狱,就把女儿和侄女嫁给他们?没犯罪和没进牢房的人有的是,为什么不嫁给这样的人?难道孔子家是专门为囚徒和类似囚徒的人培养妻子的吗?

很多读《论语》的朋友们,其实是很粗心的,像这样的地方,常常简单看一下朱熹的解释,就放下不管了。

即使理学家们,尤其是程颐所听到的那位,同时也包括朱熹的解释在内,就算他们的说法对增强孔子的道德光辉有所作用,但站在今天的立场上看,孔子如果是把女儿和侄女当成标榜自己道德的工具,这不有点缺德了吗?用自己的女儿和侄女做牺牲,去捞取世俗社会对自己道德的肯定,还是人、还有人性吗?而把这样的人当圣人的民族,该是一个多么不人道、多么没人性的民族呢?!

那么到底如何解释这个问题呢?

其实很简单,只不过是孔子在公冶长出事被关在监牢里之前,已经跟人家有约定,就是已经许婚了,人家进了监牢,又属于被错判,所以还是要坚持嫁给人家,这叫讲信用,不轻易悔婚。

至于南宫括,这个人可能平日有些小缺点,刚好赶上孔子一家商量公冶长被关进监狱是否还要将女儿嫁给他的时候,南宫括就来求婚了。大约家中有人说了一句:"一个进去还没出来,一个可能进去的又来求婚了。"所以孔子才说:南宫括这个人,还是有些本领的,出身贵族,赚到衣食养活妻子儿女并不难,就算有一天国家风气坏到极点,他也不会因为疏忽而被关进监牢,他是个很谨慎的人,可以托付终身的。这样解释的理据,其实在《先进》篇里已经出现:"南容三复白圭,孔子以其兄之子妻之。"南宫括在一日之内三次前来求婚,所以孔子才说了上面的话,并且把哥哥的女儿嫁给他了。不过南宫括之所以在一天之内三次吟诵《诗经》里的"白圭之玷,尚可磨也",用来作为求娶孔子侄女的"说辞",可能这人平日里有点小毛病,所以孔子的话里似乎含有"尽管有点小毛病,但总的看来,这个人还是有些本领,而且挺稳健的,不会在世风日下的情况下有大的疏漏,被关进监狱的可能性应该是没有的。怎么能说'一个可能进去的又来求婚了呢?'"

孔子对约婚者讲信用,同时又为女儿和侄女的长久生活和声誉考虑,表现了他作为人父和人叔的责任和平常心,这才是朝向正解的路数。不过这件事发生时,孔子的哥哥孟皮,是依然健在却委托弟弟做主并且听信弟弟的上述分析,还是已经去世让孔子担负了帮哥哥嫁女的责任,那咱可就没有办法求证了。

第三函 感戴父母恩德的智慧

虽然跟父母的关系,在今天看来不仅是个单纯"孝"的问题,而应当看作人生过程中的一种人际关系,但因对父母的"孝",是吾国的第一伦常,因而与父母的关系,首先还要面对"孝"的问题。"孝"的问题不解决,人生中需要认真处理的第一个重要的人际关系,就很难顺畅。如果与父母的关系不顺畅,人的一生不仅很受折磨,而且还会严重影响情绪,妨害学习和工作。

第一札　孝与不孝在死的问题上如何体现？

《论语》开篇第二段说"孝弟"是人生的根本，这句话虽然并非孔子所说，而是孔门弟子有若的话，但也是孔子教人的主要目标之一。

在以农耕为主的传统时代里，家庭是社会的根基，一切国家政权的运作和其他公共建构的需要，都是经由一家一户的小农经济收入汇总而后支撑起来的，所以古人才说"国之本在家"。尽管今天这种情况已经有了根本的改变，传统的小农经济已经不复存在，但家庭，仍是人生一切供养和安顿的主要基地。因此，尽管传统孝道中的很多内容已经不符合时代发展的潮流，但是父母既然生养我们，我们就不能只顾自己发展而放弃对年迈父母的养育，这是人心。所以，传统的很多"孝行"虽已不必过度提倡，但是传统"孝道"中强调感戴亲恩的本意却不能丢弃。我们虽然已经不必再把"孝弟"作为人生的根本，但是"孝弟"依然是人间令人眷恋，同时也不应舍弃的有益伦范。这种伦范不仅不应丢弃,还应在符合现代化发展要求的情势下,通过创造性的转化而得到继承和发扬。

《论语·为政》连续记录了孔子几段关于"孝"的谈话,我们可以通过这几段话大致了解孔子关于"孝"的主要说法。

鲁国的大夫孟懿子问孔子,怎样才算"孝"？孔子回答说,能做到"无违",就算是"孝"了。当时孔子的一位叫樊迟的学生给孔子驾车,孔子回到车上之后,就把跟孟懿子的对话说给樊迟听。樊迟问孔子:"您的回答是什么意思?"孔子告诉樊迟:"就是父母在的时候,用礼的规范去对待他们;父母不在的时候,以合乎礼的方式去安葬他们,祭祀他们。"(原文:孟懿子问孝,子曰:"无违。"樊迟御,子告之曰:"孟孙问孝于我,我对曰:无违。"樊迟曰:"何谓也?"子曰:"生,事之以礼;死,葬之以礼,祭之以礼。")

这段话虽然很简单,但却仍有很多可说之处。

孔子所说的"无违",不是不违背父母意愿的意思,而是不违背礼仪规定的意思。

周代对于对待父母的礼仪是有相应规定的,礼仪虽是参考人情的实际而设定,但一旦成为礼仪,就不再是单纯的人情,而成了具有相对独立性的法则。至于这种相对独立的法则,后来渐渐因为过于注重形式而使内容逐渐被忽略,不是本篇所要讨论的问题。咱们只看孔子在这里所说的礼,强调的显然是规格上不能违背的规定。因为孟懿子是鲁国的"三桓"之一,很有权势。有权势者跟普通人不一样,对待父母的态度也不同。就一般的情况而论,普通人在父母有生之年,大致都会尽量让父母开心;父母过世后,普通人心里很难受,无论是葬还是祭,大都出于真心。而权势者对待父母,有时会夹带另外的用心,无论父母在世时的孝敬,还是父母过世后的葬祭,很多都有做给别人看,以显示自己"孝顺"的嫌疑,而且往往超出礼仪规定的范围,大肆铺张,以显示自己的身份和气派,总有一些不完全出于单纯对待父母的心思。

孟懿子究竟过分到什么程度,现在已经很难考证了,但从孔子和他的对话中,尤其是又把这件事说给自己的学生,并且做了详细的重申性说明,不难推测出孟懿子在这方面已经存在上面所说的"铺张""造声势"之类的问题,这种问题按照周朝的礼仪规定,已经属于"僭越"。孔子借助对他"问孝"的回答,提醒或者暗示了他一些东西。这一点显然是没有疑问的,他听没听出来,听没听进去,那已经是另外一件事情了。

这是一种情形,就是不该做"过",却偏要做"过"的问题。还有另外一面,就是该做到而没有做到的问题。

以上两种情况,都是上面所引孔子话语中针对"礼"来说"孝"的,有"违"周礼有关"孝"的规定的情况,无论是"超标"还是"未达标",对于周礼规定"孝"的礼仪的过与不及,都被孔子归于不孝的范围。

朱熹《论语章句集注》说:"无违,谓不背于理",又说:"礼,即理之节文也。人之事亲,自始至终,一于礼而不苟,其尊亲也至矣。"意思就是说,按照礼的规定对待父母,就是最大的"尊亲"了。但将"无违",说成是"不背于理",显然是个跳跃,是先不背于礼,而又因"礼"是"理"的"节文",所以无违也是不背于理,这样才说得通,才不会产生先后次序倒置的误会。

物有终始,人有死生。父母总要走,挡也挡不住。但是父母走后,对于父母的丧葬和祭祀的态度,却体现了儿女的用心。

第二札　孝与不孝在生的问题上之分野何在?

孔子在回答孟懿子问孝时,明确讲到"死,葬之以礼,祭之以礼"和"生,事之以礼"的问题。孟子说:"事孰为大?事亲为大。"(《孟子·离娄上》)"孝"的最关键问题,其实还是父母在世时对待父母的态度和做法。无论古人、今人,都无法躲避这个问题。下面就古今正反两面各举一例,然后再来看看孔子所说的"孝"中,所蕴含的一些具体的问题。

正面的情况:

《孔子家语》记载了一则子路孝顺父母的故事,说是子路年轻的时候家里很穷,一次在百里之外弄到一点米,不舍得自己吃,一路忍饥挨饿,翻山越岭把这点米背回家里献给父母。后来做了官,条件好了,父母却都已过世,子路悲伤地说:只要父母能在,哪怕还像从前一样过苦日子我都愿意。孔子听后感慨地说:"子路对待父母真是没的说了,父母活着的时候用心养护,死了以后还能经常深情地思念哪!"(原文:子路见于孔子曰:"负重涉远,不择地而休,家贫亲老,不择禄而仕。昔者由也,事二亲之时,常食藜藿之实,为亲负米百里之外。亲殁之后,南游于楚,从车百乘,积粟万钟,累茵而坐,列鼎而食,愿欲食藜藿,为亲负米,不可复得也。枯鱼衔索,几何不蠹,二亲之寿,忽若过隙。"孔子曰:"由也事亲,可谓生事尽力,死事尽思者也。")

我小的时候,家里也很穷,当然那时不止我家穷,神州大地上很少富裕的人家,只是穷苦程度不同而已。我家租了邻家的房子,很小的小屋,过去叫一间半的平房,主人家把一间正房租给我们,自己家只住另一间的一小半,大约只有两平方米的样子,剩下的大半给我家当厨房和柴房,那间房屋临街,没院子。住户是个年轻的寡妇,还是个瘸腿。丈夫很早就没了,自己没有收入,带着一个小男孩,比我大一岁,叫朱江。我当年10岁。朱江就在寡母艰难的抚养下长大。几十年不见了,前两年听小弟弟称赞他孝顺,说是他妈已经年老,经常看见他背着母亲在街里走,连车都不雇,全靠自己背。我听了以后有种潸然欲泪的感觉。

上面是古今各一个正面的故事,下面我再讲两个负面的故事。

宋代有一部非常有名的诉讼审判书,叫《名公书判清明集》。里面记载了这样一个案例:有位姓蒋的寡妇,在丈夫过世后辛苦把儿子钟千乙养大成人，可是这个儿子长大后却百般无赖，不仅经常招惹是非，搞得家无宁日，还经常参与赌博，输光之后回家朝娘要钱，不给就痛骂。母亲把全部钱财都给了他，最后连睡觉的床铺都卖了，钟千乙还是不悔改，而且对母亲越来越凶狠，其母已经穷困已极，实在没有办法，就把儿子告上了官府。

像这样的儿子，现代也有。我的家乡就有一位，每日外出赌钱，输光就回家朝父母要，父母不给，开口便骂，动手就打。把钱抢走之后，还要警告父母："下次再不给，就打死你们！"

父母生养我们，等我们长大了，他们也已经快老了。在他们的有生之年如何对待他们，其实已经不止是孝与不孝的问题，而是关涉人性和人心的问题，也就是人类有没有知恩图报的真正良心的问题了。

第三札　孝与敬是一种怎样的关系？

对在世父母的"孝"，其实并不是一件简单的事情，因为这不仅是给老人足够生活费用的所谓"养老"问题，还要让父母欢喜、开心。如果只满足对方的生存要求，其实等于养动物。"今之孝者，是谓能养。至于犬马皆能有养，不敬，何以别乎？"（《论语·为政》）只给父母钱物，只为父母提供食粮，那是养猪，不是养老。很多人现在养狗养猫都比养父母用心，这是大家都司空见惯的事实，一点都不夸张。

由孔子上面的话可以看出，只养不敬的情况，早已不是今天才有的问题，在孔子的时代里已经很普遍。不然的话，孔子也没有必要把这个问题如此庄重地提出来。

回到孔子"生，事之以礼"的话题。"生，事之以礼"，与"死，葬之以礼，祭之以礼"，是很有一些不同的。如果说"死"的对待方式，主要看是否于形式上违背规定的"礼仪"，那么"生"的对待方式中的"礼"，主要关注的，显然是对父母的"敬"了。"葬之以礼,祭之以礼"主要指遵守客观的"礼"的规定,"事之以礼",则主要指对待父母的主观态度。

礼敬父母,是对待在世父母的"事之以礼"的主要目标。

孔子强调父母在世时,要"事之以礼",不仅是一般的物质上的奉养,关键还在个"敬"字上。敬,大致主要指庄重的态度。"不敬,何以别之"的意思,就是奉养父母,要用庄重的态度对待这件事情,否则就跟动物对待父母的做法没有区别了。

敬,要求对父母要真心实意,不能虚情假意,要用真心,而且要真用心。尽量不要把不愉快的神情,带到父母的面前去,孔子说"色难"(《论语·为政》),讲的就是这种道理。这也是"敬"的一种表现。不过孝顺可并不就是"色难"的问题,还有言语。跟父母讲话是要充分留心注意的,有关这一点,孟子讲过一段故事,说的就是孔门中以孝著称的曾参一家三代的事情。

曾参就是历史上著名的曾子,他的父亲叫曾晳,儿子叫曾元。曾晳在世的时候,曾子奉养自己的父亲,经常要想办法弄点肉给父亲吃。吃完之后总是询问父亲把吃剩下的给谁吃,父亲问:"还有多余的吗?"曾子总是和颜悦色地对父亲说:"有。"曾晳过世后,曾元奉养曾子,也时不时弄点肉给父亲吃,吃完之后却不问将剩下的给谁吃。当曾子问他"还有没有剩余"的时候,曾元却总是对父亲说:"就这些了。"意思是留下来下顿让父亲接着吃。孟子说像曾元那样的做法只是"养身",而像曾子那样的做法,可以叫"养志"。养身,就是只关心身体,养志的意思,却是关照心情的意思。所以孟子说像曾子那样才行——

"事亲若曾子者,可也。"(《孟子·离娄上》)孝,要能照顾到父母的心理感受,这样的用心,不论在传统时代还是今天,都不是一件容易做到的事。

孟子在同一篇里还提出了"养亲"和"守身"的关系,更有积极的借鉴意义。"不失其身而能事其亲者,吾闻之矣;失其身而能事其亲者,吾未闻之也。"孟子讲的"守身",就是坚守人生的节操,不在纷繁芜杂的社会生活中失掉人生的坚守。比如说你不能拿贪污的钱款给父母买肉吃、买酒喝,更不能用受贿得来的不义之财为父母购置房产、填充家具等。自己在社会上为了升官、发财、出名、获利,而使用了不正当的手段,孟子管这种情况叫"失身",拿已失之身换得官位,拿不正当渠道得来的钱财奉养父母,那叫"陷亲于不义",父母吃了这些由子女"失身"换来的东西,在人生的长途中消化不下去。

陷亲于义不义,比致亲于乐不乐更重要。孟子的教诲,实际上是告诉世人,不要只从父母的身体健康角度考虑问题,更要从父母的精神健康方面着想,这样才算是真正的孝子贤孙。

在为过世父母举行丧礼时,其实也是最能考验人是否对父母怀有真心的时刻。孔子说:"临丧不哀,吾何以观之哉?"(《论语·八佾》)很多儿女在父母过世的时候,可能号哭动天,但也未必出于真心,只有真心敬爱父母、感戴父母养育之恩的人,父母过世,才能真正引发内心深处的哀痛,光做法事,只穿孝服,不一定对父母真有感戴之心。

第四札　为什么说孝的问题在今天比古代更复杂？

　　今人跟父母的关系，是现代社会中的关系，是现代生活里的关系。这已不再是一个应不应该的问题，而是一个事实已然如此的问题。今人对于父母，不仅要孝敬，还需要倾听他们的心声，了解他们的欲求，满足他们物质生活需要的同时，还要想办法帮助他们排遣忧伤，解除孤独，帮助他们在年龄大时依然能够学到新东西，增长新见识，开阔新视野，这样才会唤起他们继续生活下去的勇气和信心。只要勇气和信心在，人就不会感到孤苦，也不会感到无聊了。比如帮助他们上老年大学，推荐给他们一些知识性、生活性或者稍有一点思想性的文章阅读，在力所能及的范围内，帮助他们找到自己健康的新生活圈子，多动员他们外出旅游，参加集体活动之类。倘使时间允许，可以多陪他们散散步、聊聊天，一起讨论一些问题等。如果父母已经单身，并且有意愿重组家庭的话，也可以考虑帮助他们拥有属于自己的新生活。

对于那些没有能力自己生活，只能跟儿女在一起生活的父母，做儿女的责任就更重，难度也更大。整天捆绑在一起，总不免发生这样那样的擦碰，就算很"孝顺"，敬的问题，仍然是种考验。弄不好往往还会适得其反，使"孝行"大打折扣。中国太大，各地、各家的情况差别也大，身体好的、身体不好的父母都有；脾气好的、脾气坏的父母也都存在。更何况孝敬父母不单纯是一个人的事情，对于成年人来说，孝敬自己年迈的父母，还要顾及夫妻双方另一方的感受，甚至包括周边较近的亲族、朋友等，都使得"孝敬父母"不再是单纯的个体性行为，而是诸多社会身份的各种成员的一种崭新的综合性行动。

现如今，尽管在我国还有一定的小农经济成分存在，但是传统的时代确实已经过去，我们业已行进在城市化、现代化和世界化的道路上。尽管如此，如何对待父母的问题却永远不会过去，而且还要在新的时代加入新的内涵。与父母的关系问题，在当代人的生活世界里，已经不单单是下对上的"孝顺"问题，而是一种双向的关系问题；"孝顺"的问题，也已不是一个单纯的家庭关系中的小范围问题，而成了一个普遍的社会大领域的问题。因此，在对待父母的"孝"的问题上，就不仅仅是简单的"孝"和"敬"的问题，而是如何建立新的生活情势下互相尊重的新型亲代与子代的关系问题，这就使"孝"的问题变得越来越不简单。

由于每一位父母,都是曾为国家和社会做过工作和奉献的人,因此他们的养老问题,包括医保、社保、养老保险、老年教育和老年娱乐等问题的解决,就不应当只是家庭的责任和义务,而应当是国家和社会、家庭共同的责任,是国家、社会和家庭应当共同努力完成的公共任务。单靠儿女和一家一户,已难单独达成,国家和社会必须将这个问题提上重要日程,并为此做出积极有效的探讨和努力。"孝"或者养老问题,不能再被单纯看作是子女对待父母的用心和态度,不能再把"孝顺"或者养老的问题,像在传统社会里那样,完全推给每个家庭,因为如何对待天下父母,已经是国家、社会和家庭三个方面需要通力合作的公共责任和义务了。

与传统时代特别不同的新情况还有很多,比如在传统时代里,以男性为主,男子孝敬自己的父母,是基本不顾自己妻子感受的,如果妻子不愿意,就会因此被"休"回家,夫妻感情关系好也没用——"在礼,子甚宜其妻,父母不悦,则出之。"(《名公书判清明集》)现代社会不应允许男方为了孝敬自己的父母,而无视女方的感受,侵犯女方的权益。男方在孝敬自己父母的时候,必须尊重女方的感受和权益问题。同时,女方孝敬自己的父母,男方同样应该理解和支持,要充分尊重女方合情合理的要求,尊重女方同样具有"孝敬自己父母"的权益。"孝"的问题,也因此愈来愈复杂了。

站在孔子和传统儒家的立场上,对待父母仅仅需要用"敬"的态度去"孝"、去"顺"就可以了。但站在今天的立场上看,光这样已经远远不够了,必须为传统的"孝敬"增添非常必要的新内涵,比如尊重。对父母的敬养,源于感恩图报的伦理情感,但更要出于尊重。尊重不是简单的"敬",而且还要使"孝敬"建立在情感的基础上,这是传统的儒家伦理所不曾强调的。没有情感的"敬",虽然庄重,但却缺乏人间烟火的味道。没有必要再像传统时代所提倡的那样,每天给父母作揖、请安;也不太可能每天都"侍立"在父母的身边。要把从前孔子和儒家强调的"孝敬"的伦理规范,转化为今天生活化的平等基础上的互相尊重、互相关怀的人间实际情感才更合时宜。

今日对待父母,不仅不能只走"孝"的过场、光图"敬"的形式,而且仅常怀感恩之心是不够的。还需要培养出自己跟父母源于实际交往的实际情感,上下代之间有真情,交往关系才亲切,生活才有情趣,家庭里才有欢乐的氛围。光是一个"敬",家庭就会很沉闷,很紧张,人在家庭里生活就会感到压抑,甚至感觉痛苦。一位朋友曾经跟我说:"每次去见我父亲,都跟上朝差不多。"父亲以"家君"自居,儿子把父亲当"家君"对待,虽然符合传统社会对于"孝"的要求和希望,但却不能给现代人带来人生的快感。强调生活的快感,是现代人心里真实的欲求,这个欲求如果得不到满足,人生就会失去乐趣,从而也没有更高的价值和意义可谈了。

应该说,好的子代与亲代的关系,里面至少要有友谊在,不要总是强调,让儿女牢记父母的恩惠,恩惠大了,对人是种负担。当父母的,常常应该想起孩子们在成长的过程中,曾经给自己带来的快乐和安慰。各自都要努力为对方着想,这样两代或者三代间的血缘关系,相对就好处得多了。

人和人之间的交往,最重要的不是谁给了谁多少钱,多少东西,而是谁给了谁多少安慰,谁帮谁缓解了心里的紧张、孤独和压抑。对待父母的"孝",也绝不是"有事弟子服其劳,有酒食,先生馔"(《论语·为政》)那么简单。

与父母交往,不仅是感恩,还要出于对他们的爱。爱,不是一种简单的奉献和付出,而是一种融入,一种彼此间互相地融入。融入对方的生活世界,尤其是心灵世界里去,这样才能体察到他生命的真实脉动,关心和帮助也才能入情入理,对方才会受到真感动,也才会产生真感通。只有这种基于感通的真心关怀,才不会让父母感到失落和孤苦。爱,是解决人类一切交往关系疑难的根本所在,关键是如何培养出自己真心的爱,无论对父母、对妻儿、对老师还是对朋友。

如此说来,对父母的孝顺既不简单,对父母的爱和关怀,就更不是轻易可以做到的问题。光讲两句"别让父母担心""不要啃老",要尊重父母、要对父母怀有感恩之心之类的话,是解决不了真实存在的实际问题的。

跟父母的关系,对于一般人来讲,是人生中最漫长的人际关系,处理不好,时刻都影响各自的心情,各自的幸福感都会受到巨大的影响。无论其他关系处理得多么好,只要跟父母亲的关系处理不好,一切都会跟着打折。人生就是解决问题的过程,不同的时段有不同的问题。要解决人生的问题,处理好跟父母的关系,显然是十分必要而且十分重要的。这当然需要双方的努力,无论是父母亲还是子女,都不要以为有了血缘的纽带,一切就都不成问题了。越是自信关系亲近,疏忽不在意,就越容易出现问题。当然,这已经不止于"孝"的问题了。

第五札　传统的孝道像和煦的春风一样温润吗？

《论语·阳货》记载孔子跟弟子宰我有关守丧三年的对话：

宰我问："三年之丧，期已久矣！君子三年不为礼，礼必坏，三年不为乐，乐必崩，旧谷既没，新谷既升，钻燧改火，期可已矣。"子曰："食夫稻，衣夫锦，于女安乎？"曰："安。""女安！则为之！夫君子之居丧，食旨不甘，闻乐不乐，居处不安，故不为也。今女安，则为之！"宰我出。子曰："予之不仁也！子生三年，然后免于父母之怀。夫三年之丧，天下之通丧也。予也有三年之爱于其父母乎？"

上面这段话，虽然各家解释有所不同，但大致的意思相差不远：

宰我问孔子："守丧三年什么也不做，时间未免太长了吧？三年不习礼，礼就荒废了；三年不习乐，乐也会生疏。……一年就可以了吧?"孔子说:"守丧一年就结束,之后吃好饭、穿好衣,你心里会感到安稳吗?"宰我说:"会。"孔子说:"既然会,你就照自己说的做,守丧一年就行了。可是君子在守丧期间,吃肉不觉得香,听到美妙的音乐也不觉得愉悦,睡觉都不能安稳,所以他们才要守丧三年。但是你既然觉得守丧一年以后,就能吃得香、穿得爽、睡得美,那你就去守一年丧吧!"宰我出去之后,孔子又对其他学生说:"宰我这个家伙太不仁德了,每个人生下来,父母都会怀抱三年,所以父母过世后守丧三年,才成为天下人奉行的通行礼仪。宰我这个家伙对自己的父母连三年的情义都没有哇!"

需要指出的是,孝的提倡和流行,首先是为了满足农业生产、生活的需求。在以农业为立国、立家之本的时代里,提倡孝道,对当时的生产和生活都确曾发挥过很大的正面效用,由此导致对孝的"市场需求"很强势。因为很强势,孝,便因此被理所当然地看成人最优秀的品质,孝行也因此成了最具正面价值的表现。但在传统时代朝野上下强力推行孝的过程中,孝,在被严重礼仪形式化了以后,也出现了很多压抑人性和伤害仁德、耽误正事的情形,下面举几个例子来说明一下。

汉朝有位叫赵宣的人,人家守丧3年,他却守丧20年,但在20年中,却生了5个孩子。古代是不许在守丧期间亲近女色的,赵宣想要"以孝成名",但却忍不住人性的压抑,犯了以孝欺世盗名的罪错。很多事情一经提倡,接着就会变味,乱七八糟的滥竽充数和冒名顶替之类,就会像雨后春笋一样,遍地生长。孝行一旦为社会过度提倡,结果也会如此。

这是假孝的一个例子,我这篇文字不是为了讨伐假孝,只是为了提醒朋友们想问题。像赵宣这样,想要以孝成名的人在历史上有很多,我们不去纠缠这些,只是想说一下,古代的孝,虽然是种美德,但实际上也很压抑人性。咱们不说假孝的原因之一,是忍不住人性的压抑,单说真孝对人性的压抑和扭曲,甚至因为真孝耽误正经事情的情况。

因为孝道被过度提倡,很多人误入歧途,不顾人性的扭曲,而去迎合社会对孝的倡导,导致历朝历代很多所谓孝子行为过当,有割自己身上的肉和器官给父母吃的,有为了祈祷父母健康活埋自己儿女的,这种伤天害理的"酷孝",让不少封建王朝的皇帝都忍受不了,下令禁止"酷孝"。孝,走到酷这步,并不仅仅是因为实施酷孝的人无知,而是过度提倡所导致的一种必然结局。

陆游跟唐婉的情感悲剧,几乎无人不知,就是因为陆母怕妨害陆游科举,强行棒打鸳鸯,而陆游只好遵照母命与唐婉分手以尽孝顺之意。唐婉后来虽然嫁人,但若干年后意外与陆游相见,之后不久就抑郁而终了。看看唐婉和陆游各自写在游园墙壁上给对方看的《钗头凤》,大凡懂一点人间情感,都没法不落泪。

红酥手,黄縢酒,满城春色宫墙柳。东风恶,欢情薄。一怀愁绪,几年离索。错、错、错!

春如旧,人空瘦,泪痕红浥鲛绡透。桃花落,闲池阁。

山盟虽在，锦书难托。莫、莫、莫。

　　世情薄，人情恶，雨送黄昏花易落。晓风干，泪痕残，欲笺心事，独语斜阑。难，难，难！
　　人成各，今非昨，病魂常似秋千索。角声寒，夜阑珊，怕人寻问，咽泪装欢。瞒，瞒，瞒。

孝对感情的伤害，由此可见一斑。而历朝历代对于守丧期间不能参加科考、不能在官任职、不能与朋友交游、儿女不能婚嫁等，不知耽误了多少有用的正事。

　　最有趣的就是在丧事守孝期间，以孝为主题的讲学活动，都被视为不孝。南宋时期有个名扬四海的大儒，名叫吕祖谦，跟朱熹、张栻一起，被天下学子尊崇为"东南三贤"。因为学识渊博，远近学子经常来家请教学问，人多了他就一起给大家讲。某年正在守丧期间，又来了不少求学问道的人，吕祖谦就把大家召集到一起给大家讲说儒家的伦理，自然首先就是孝道。但是吕祖谦的这个行为，立即引起天下很多学者的质疑，说他在守丧期间讲学，属于不孝，当时他的很多大儒朋友，都出面写信或托人带话直接干预了，比如朱熹、张栻、陆九渊、汪应辰等。吕祖谦无奈，只好停止讲学，把前来问孝求道的学子们都赶回家去，这下朱熹、张栻、陆九渊和汪应辰等大儒们，才不再群起"讨伐"，罢手安定下来。

　　守孝期间讲孝都不行，可见孝行本身，莫说在现代，就是在古代，也一样耽误了很多有意义的事情。

第六札　为什么要理性地对待传统孝道？

关于孝，其实是需要重新认真研究的。孔子遵循古礼，强调守孝三年的理由，是人在小时候大致有三年"不免于父母之怀"，就是从小都被父母抱了三年，所以才要守丧三年回报。这个说法显然是有问题的，但是有史以来，却没人去反省，只是因为古礼定了，圣人说了，社会又提倡，所以就去照着做。

需要反省的第一点，是父母当年抱我们，并不是为了索求回报。因此，以三年守丧回报，有把感情当成交易的嫌疑，不符合父母养儿女的真实心愿。

第二，父母抱子女时，子女都处于没长大的阶段，不需承担其他责任；而当父母过世时，儿女的生命时段不同，身心状态也不一样。不仅有情、有欲、有事情，而且还多半正在担待传续族类，同时承担社会、家庭责任的重要时期。全职守丧三年，不仅压抑人性，而且会耽误很多正事。

第三，对于父母怀抱子女的三年，已经通过怀抱自己的子女三年回报了，这个回报不是对父母，而是对族类，父母作为族类传承链条上的环节，肯定不比族类延续本身具有更优先的价值。亲代与子代之间的伦理，不只是相互之间的，尤其在中国传统的孝道里，这种伦理是指向未来延续的，是族类发展链条中的一个小环节，孟子说"不孝有三，无后为大"，实际上已经说明了族类传续比当下亲子关系更重要。

第四，就算我们把这种亲代与子代之间的伦理缩回到相互之间，那么对父母的报答，主要也应该表现在父母的有生之年。父母过世后，以守丧的形式表达对父母的感恩，其实并不足取，若心中真有父母，不止形式上的三年，可能终其一生心里都在怀念父母的恩德。

单纯强调守丧的形式，陷入外在的规定和要求，其实未必出于自己的真心。这样的孝，多半是做给人看的，而不是为了父母。父母生时多尽些心力，让父母心里感到慰藉，比死了以后守丧对父母更有实际意义。

第五，孝虽然是伦理，但仍需关注孝的基础和目标。从什么基础上开始，要实现什么样的目的，非常重要。孝的目的，不是为了建立和谐社会，而是为了增进人类不同代人之间的情感。前者的目标是远期的，后者的目标才真正能够落到近距离的孝与被孝者身上，使两者共同受益。亲代与子代之间的关系，不仅只是责任和义务，更需要情感。没有情感的孝，不能真正安慰人心，除了具有维护秩序的作用之外，不能给人带来真正的慰藉，虽然它可以给人带来安全。安全和安慰是完全不同的两种东西,中国人对父母孝顺的多,给父母安慰的少,就是因为传统的孝道伦理只讲责任义务,却很少关怀人间情感。整部《论语》虽然说了一大堆对孝的要求和做法,但在这部书里,我们极少看到亲代和子代之间那种温情脉脉、亲切感人的情感。如果从亲代和子代之间情感的角度看,一部《论语》还不如朱自清的一篇《背影》给人的感动更多、更实在。当然,伦理本身就是讲责任义务的,不是讲情感的。可是家庭伦理、朋友之间的伦理,毕竟不是职业伦理,亲人和朋友之间如果没有情感,光有伦理是没意思的。光有伦理没有情感,人间会显得很冷漠,在人间生活会感到很孤寂。

还有第六,就是传统孝的伦理,其实还有一个很大的隐蔽,就是每个生存者,同时都是劳动者,他们对国家、社会都曾尽过相当的责任,至少他们曾经纳税、曾经付出辛苦,他们不仅养育了自己的孩子,养孩子也不仅是为自己!所以,对于老人的"孝敬",不应该只是家庭中儿女单独的责任,国家和社会也应承担相应的义务。

以上是我近年来试图对中国传统进行创造性转化所做的一点思考,并不成熟,也未必就正确,亮出来只是为了提供给朋友们思考。

在极速变化的今日世界里,我们更加没有时间和精力实施三年守丧的所谓孝道,因此,在学习传统儒家孝道言论的时候,我们必须怀有清醒的认识,不可以盲目作复古的提倡和宣传,再不能将孝作为人生最根本的价值看待了。

将孝当作人生根本价值的提法,在传统的时代,其实主要目的不仅为了回报父母养育的恩情,也是为了维护生活、生产,尤其是统治的秩序。《论语》开篇第二段的说法非常明确地说明了这一点:"其为人也孝弟,而好犯上者鲜矣,不好犯上而好作乱者,未之有也。"倡导和强调孝的目的,在于维护既行的统治秩序,防止犯上作乱。当然,您也许会说这是孔门弟子的话,不是孔子所说,因为这段话前面有"有子曰"字样。但即使如此,这也不违背孔子的观点,依然还是儒门有关孝弟主张的基本理据,历朝历代都是照着这段话语的意思,把孝弟说成是人生根本的,几乎没有例外。

中国正在走向现代化,最需要的是对更宽广范围的社会公平正义的求索与构建,过分强调传统的孝道、孝行,会起到将刚刚迈向社会的人们的思想意识,再度拉回狭小的家庭之中的负面作用,从而成为社会进步发展的阻碍力量。

第四函　交友的智慧

第一札　为什么说交朋友就是交自己？

交朋友，是人生中重要的必须，也是人与人交往过程中最具自觉性的选择之一。交什么样的朋友，既能表现人生目标的高低，又能体现出人的综合品质。

单纯为了满足利欲的需要而交朋友，也未必不是朋友，只是不能说是高层次、高品质的朋友。这种朋友，民间叫作"酒肉朋友"。酒肉朋友不是最低层次的朋友，还有更加等而下之的狐朋狗友，就是一些品行恶劣的低俗之友。

总跟这些比自己品质差的黑社会、准黑社会和混社会的人交朋友，本来不高的人生品质还会继续下跌。只有跟追求高格调、高品质、高境界的人交朋友，才能不断改善自己的生活品质和人生品质，才能一步步走向正大的成长之路，才能一点点不断获得有益的进步。所以孔子才说"无友不如己者"（《论语·学而》）。

在生活中，我们经常会发现一些认知清晰度高，思想敏感性强,目标比自己正大,学养比自己深厚,体会比自己精到,心胸比自己豁达的人,多跟这样的人交往,通过交往,多向这些人学习,多受这些人感染,我们自己原本不脏不净、不雅不俗、不高不低、不智不愚、不善不恶的生命,就能不断走向清纯,走向高雅。肉身之人,就能慢慢拥有一点神性,闪现出一些真善美的光辉。

生命本身其实只是个自然的事物,生命的过程也只是个自然的事件,要使这个事件有趣味,要使这个事物有意义,主要都是靠拥有生命的人进行自我设计。这种设计跟在纸上画图不同,不仅事先头脑中要有明确的目标,而且设计的过程,也贯穿整个生命的全程。在生命活动终结前,无时不在设计,无地不是设计的场域,无刻不在改进从前的设计。人生的目的,会在不断改进设计的过程中越来越清晰;人生的目标,也是在设计的过程中越来越明确的。没有一开始就正确无误、完美而无差错的人生设计。这是人生作为设计,跟图纸上的建筑设计、产品设计等差别最大的所在。人生的设计过程,至死都不会真正完成。

人生设计的一个重要方面就是交友。孔门弟子曾参所说的"以文会友,以友辅仁"(《论语·颜渊》)虽然有很高的借鉴价值,但因为只是指向通常在一起研习经典的学友,而世界上的人不都是学者,而且也不能、不必都是学者,所以曾参的说法虽然可以参照,但对所有生存在这个世界上的人们,却无法全部适用。

从一般的经验看来,人生有混社会的朋友(前面已经说到)、有职场里的朋友、有学业上的朋友、有部伍中的朋友,还有同窗、好友之类。也有因为某种社会原因而结交的朋友,比如商业合作伙伴、革命战友、知青朋友等。朋友的类别可以说是多种多样。从性质上看,又有事业上的朋友、生活中的朋友、理想目标意义上的朋友、人生品格和境界追求意义上的朋友等。就严格的意义而论,有关朋友,是没有办法一一进行具体论说的。

交到好朋友是人生的缘分,更是人生的福分。但交到坏朋友却不完全是运气不好,这种晦气或者倒霉,跟自己一贯的心理目标是有直接重大关联的,心里不追求善、美、真的人,自然交不到好朋友,而就算心里有对善、美、真的追求,也未必就能交到适合自己愿望并且有助于自己成长的好朋友。反过来说,如果总有一些不善、不真、不美的人围绕在身边纠缠自己,那就应该检查反省自己了。当然,如果你并没有觉得这些坏朋友不好,那就表明你已经被他们同化掉,这时便不会有所谓检省了。所以,当你还能看出这些朋友不好的时候,说明你还有自救的可能,这时就要及时转身离开这种"场域",一旦拖延下去,不久之后,你可能就会失去这种分辨好坏的能力和自觉。

虽然需要跟比自己优秀的人交朋友,但人生也不能过于小看自己。在交到很多"厉害"朋友的时候,还要防止自己因此自卑,看到朋友们都比自己强,可能会产生妄自菲薄的心理。要注意,成长向善的过程,不是使自己变弱的过程。强者或者高人自然比我们强,但也只是某方面,不可能在人生的方方面面,我们都不如别人。他眼睛尖利,在辨识色彩方面强于我,我可能在听觉方面高于他。就算自己在很多方面不及朋友,但只要努力,就会慢慢赶上去。努力,是使自己获得成长唯一可靠的依托和根据。这就是"为仁由己"(《论语·颜渊》)的道理。只要自己努力,自己的实力就会不断增强,自己的境界就会不断提升,自己的品格也会不断秀美起来。

人生的光辉,其实都是努力的汗水映射出来的,天生的优长是有一些,但主要还要靠努力。就像闽南语歌曲所唱的那样:"三分天注定,七分靠打拼。"其实人的天赋差别,恐怕连三分也没有,人生成就中的大约百分之九十,都是在努力中获得的。汗水,甚至泪水和血水,才是浇灌人生的真正甘霖。试图靠稍微优异一点的天赋取得成功,超越别人,结果只能使自己愈加落后。每个人都有不同的天赋,他在这方面天赋好些,你在那方面可能更强些。浪费天赋的人,最终的结局都将毁掉自己,对不起天赋,也对不起自己。

朋友(包括老师),虽然可以辅助自己成长,但自己的成长却不能依靠朋友,就像秧苗不能缺少阳光雨露,但最主要的还是自身生长的机理、愿望和努力。如果没有内在生长的机理,缺乏生长的愿望,阳光再充足,雨水再丰沛,石头总不会发芽开花,荆棘无论如何也长不成乔木。鸡雏如果不努力挣脱蛋壳,就只有被憋死在里面这一种可能性。

自我没有成长的愿望,自己没有成长的目标,遇到多少优秀的师友都没用。这是人生成长的最终关键。从另外一个角度说，没有或者缺乏成长的愿望和目标，也没有办法交到优秀的朋友，优秀的人不会跟不争气、不上进的人交朋友，害怕浪费时间、浪费生命。因为优秀的人都是珍惜生命、珍惜时间的。不珍惜生命、不珍惜时间的人，也成不了优秀的人。

　　如此说来，能交到什么样的朋友，主要还是取决于自己。交朋友，说到最深处，其实就是交自己。通过交自己而去交朋友，通过交朋友反过来交自己，教导自己在朝向真、善、美的方向上前行。教会自己珍重生命、珍爱友情、珍视成长。只有珍重自己生命、珍爱友情、珍视自己成长的人，才能交到有益于自己生命成长的好师友。好好地跟自己相交，才能在人生的长途中交到好朋友；不跟自己好好地相交，就不可能交到真心实意的好朋友。

第二札　送朋友点什么最好？

前面已经说到，每天靠跟一些酒肉朋友在一起吃吃喝喝打发时光，虚度年华，使生命在混混沌沌的过程中不断下沉，自然不是人生的智慧选择，但是交朋友离开吃吃喝喝其实还真不行，尤其是在中国这种于农耕文明基础上建立起来的文化体系之中。从古到今，人们都是通过吃饭、喝酒之类的简单方式进行交流的。所以交朋友离不开吃喝，也不必一定非要离开吃喝。

其实西方人也一样，只不过他们也许不喝白酒、黄酒，而是喝红酒、咖啡而已。

朋友请咱吃饭，品尝美酒，在酒席宴间讨论问题，畅谈人生理想，述古论今，诉说生活经历，交流人生体会，其实是人生中的一种享受。

交朋友虽然不是为了谋求利益，也不计较利害得失，但总得通过一些物质交往，请朋友吃饭，送朋友礼物，比如一本好书、一副好棋子、一套好茶具、一条好烟、一瓶好酒之类。就算不够富裕,也未必没有赠送朋友礼物的能力,古人互相间赠送砚台、镇纸、茶、肉、干菌等物者,史不绝书。送给朋友礼物,只要量力而行,不是出于勾结与利用的目的,不是拿公共的财物,就不仅不应杜绝,还应当适当地提倡,因为这是一种人间温暖和朋友间互相关心的表现。没有这些相互馈赠之类的交往,人生的气氛就活跃不起来,人生的味道就会寡淡不少。

但是送朋友礼物,应该可以上升到精神层面,以笔者浅陋的生活经验,感觉善言佳论、人格气象,都是有意无意间送给朋友的精神层面礼物。

我在做宋学研究时,看到理学家朱熹的一段回忆,他说自己年轻时,有幸在一次朋友间的宴席上,见到了当时的大文豪胡寅的绝佳表现:"向尝侍之座,见其数杯后,歌孔明《出师表》……"胡寅由于微醺,在席间流露出了自己的豪迈品质,给了朱熹不小的震撼。朱熹后来评价说:胡寅这种真性情的自然流露,表明他是一位真正的"豪杰之士"。胡寅没有意识到,自己在席间跟朋友们高谈阔论地表达自己,不小心影响和感染了一位年轻的朋友——朱熹。朱熹后来的成长,未必是因为这一次的感染,但这次感染的意义却不能小视,它显然成了激励朱熹立志成为豪杰的早期动因。这是长者朋友的人格气象,无意间对年轻的后来者造成重要影响的一个个案,也是胡寅无意间送给朱熹的一个最好的精神礼物。这叫作"说者无心,听者有意"。

这样的情形在历史上并不少见。甚至还有没见到对方,却从书中的记载里受到对方人格影响的案例。比如北宋苏轼在童年时读书，受到范滂人格气象的影响，就是一个例证。范滂，是东汉末年的知识精英，在党锢之祸中被害身死。范滂在面对死亡时的杰出表现，竟然影响了八九百年之后的苏轼。孔孟老庄等，作为后世读书人尊奉的先师、楷模，更不知影响了多少后来人。他们不是后来者现世中的朋友，没有跟众多的后来人发生直接的交往，但他们却用自己的人格、气象、思想、精神等，影响了无数的后来人。这是他们作为朋友（对于追求人生进步的人来说，影响他们的先贤，都是好老师，也都是好朋友），送给后来者最好的礼物。满怀成长愿望、善于取法先贤的人，即便在现实中遇不到特别合适的师友，也会在人类的历史上找寻到可敬可法的精神交流者。如此说来，朋友是不限于当世的。

当然这已经不是本篇的话题，本篇想要讲说的，主要还是现世中的朋友关系。

在现世的朋友关系中，除了受到朋友人格气象影响之外，有时还可以把有用、有意义的话语赠送给朋友。老子就曾把富含哲理的警示话语赠送给孔子。（"吾闻富贵者送人以财，仁人者送人以言。吾不能富贵，窃仁人之号，送子以言……"《史记·孔子世家》）

其实这种情况我们也经常看到，送给朋友一个笔记本或者一本书，在上面写下留言之类，就属于这一种。但是送人以言，是需要用心对待的一件事情，写些天花乱坠的话语自然没用，也不在本题讨论的范围之内。用来劝勉、激励、告诫、警示之类

的话语,却不是随便可以胡乱写给朋友的。孔子说:"可与言而不与之言,失人;不可与言而与之言,失言。"(《论语·卫灵公》)

适时适度地夸赞朋友,适时适度地劝勉朋友,都是对朋友精神上的关怀。我过去常跟一些年轻朋友们讲,人最需要的是精神上的帮助,而不是物质上的支持。

送给朋友勉励性的话语,要注意自己的实力和身份,还要注意朋友的趣向和现状,这是说话程度轻重选择的主要依据。尤其是当朋友有过失或者可能产生行为失误时,应当告诫朋友却没有告诫朋友,这样就会失去朋友;不应当用劝谏的方式告诫朋友时,却非要表达自己的洞见,显示自己的不同凡响,这种情况叫作失言。

怎样判断什么时候自己当讲,什么时候自己不当讲,看上去像是个技术活,其实没那么复杂,但也并不简单,这里面的关键处,在于用心。看自己对待朋友的真实用心,是真正设身处地为他着想,还是想借机显示或者炫耀自己的预见力。这是第一条。若是出于显示自己,当不当言,都不必言。因为你的出发点不对,不是为了帮助朋友,而是为了显示自己。如果是出于真心为朋友考虑,才有第二条和第三条。第二条,当不当言,既要看时机,又要看场景,还要看自己的身份、地位。这不是讲排场、论门第,如果你的地位不够高,身份不够重,还不足以引起对方的重视,说了也没用。跟朋友相交,没用的劝谏最好不要说出来,产生不了效果不说,还会让人家感觉你多事,惹人心烦,达不到想要的目的。同样的话语,不同人说出来效果不一样,这跟同样的事情,不同人做出来效果不一样类似。你先不必追问这样是否公平,先要反省一下自己的人生品质。人生品质高致的人,做什么事情都有韵味;人生品质低劣的人,做什么事情都让人感觉低俗、可鄙。"俗人无雅事,雅人无俗事"讲的就是这个道理。我当然不是在这里宣扬不平等,因为这里还有时代崇尚等问题。有人见领导恭敬,那叫懂礼得体;有人见领导恭敬,那叫谄媚阿谀。因为前者怀的是正常心态去谈工作,后者却是怀着私心去讨官谋利。怀着猥琐的心态,做不出大度的事情。

究竟是当言还是不当言,场景和时机,跟说话者的身份与地位具有同等的重要性。就算你有相应的地位和身份,足以引起对方的重视,也不能不分场合、时机,随便乱说。逢场合就讲,得机会便说,那就属于随便乱说。随便乱说,是最大的忌讳,不管官职多大,地位多高,实力多雄厚,当不当言,都是不当言了。

还有第三,究竟当不当言,还要看你跟朋友实际交往关系的深密程度,没交到那种份上,说啥都没用,这时候去说就是失言。交到那种份上,当提醒时却没提醒,那就是不负责任,对不起朋友,这样的做法,只能导致"失人"——失去朋友。

上面还只是就"言者"而言,对于"受言"者,如果得了赠言可以受益,没有不愿接受的,可是由于人在接受不同意见时的习惯抵触心理,尤其是人的惯常行为习惯,在上位者一般不易听进处下位者的劝谏,除非赠言者的劝谏跟自己的行动计划一致或者基本一致。

一般说来,处下位者不宜对在上位者进行劝勉;处上位者不宜总是用赠言的方式教训居下位者。这是朋友间相互赠言的一个常识。

当然,送给朋友最好的精神礼物,还是自己的进步。

跟朋友交往了很长时间,自己不求上进,前些年见面时你是这样,近几年再见面你还是这样,就算原来很优秀,但几年没长进,就等于退步了。人间的一切,其实都是相对的,相对于朋友的进步,你的停滞不前就是退步,不仅妨碍进一步交往,还会使自己在朋友面前失去曾经受到的尊重。

朋友主要的功用,就在于精神上的互相勉励和安慰,因此,人在精神上的成长,尤其被朋友所看重。朋友关系说到底,最终都是为了通过相互勉励、相互激发,以达成相互的进步。你若是跟不上朋友们前行的步伐,几年前见面时,你说的是那套话语,几年后你说的还是那套话语,而且说的跟从前一样,没增加分析的力度,没增加认识的深度,也表现不出有什么比从前更加显著的体会,同时又因为不读书、不学习,开拓不出新的话题领域,人生境界更没有长进。长此以往就会慢慢被朋友所忽视,甚至被朋友所抛弃。这不是朋友们变得功利和世俗了,而是因为咱们自己没进步而在朋友中间显得越来越没出息了。前面说了,交朋友就是交自己,自己没有进步,人家不是白交你了吗?谁有闲工夫浪费宝贵时间,跟一个不长进的人没滋没味地长久交往下去?

把自己的进步送给朋友,这是朋友之间相赠的最佳礼物。但是千万要注意,进步不是职位的提升,不是腰包变鼓,也不是著作变厚,更不是论文得奖、评上哪级哪类的"江河湖海学者",或者厅级、省级教授。这些自然也包含一些表明进步的成分,但进步主要是指学识的增长、认识能力的增强、生活处世态度的更信实、人生体悟的更亲切等。概而言之,主要指的是人生综合品质的提升和跨越。只有自己综合人生品质的不断提升,才是送给朋友的最好礼物。

第三札 "四海之内皆兄弟"的说法从何而来？

《论语》中有一段孔门弟子司马牛跟子夏的对话。司马牛忧伤地说："人家的兄弟都好好的，就我的兄弟（快要）没有了。"子夏听了以后说："我听到过一种说法，叫作'人的死生都是命中注定的，想改也改不了；能不能获得富贵的生活，也都由上天操控着'。不要为人所左右不了的事情忧虑，做人，只要自己敬而无失，恭而有礼就好了。如果能做到这样，四海之内的人，都会成为兄弟，你又何必因为自己兄弟将死而感到忧伤呢！"

这是按照历来注释家对这段话的解释所作的翻译。这段话的原文，在《论语·颜渊》篇里：

> 司马牛忧曰："人皆有兄弟，我独亡。"子夏曰："商闻之矣：'死生有命，富贵在天。'君子敬而无失，与人恭而有礼。四海之内，皆兄弟也。君子何患乎无兄弟也？"

子夏是字,原名叫卜商,"商闻之矣"的意思,就是"卜商(子夏)我听说",这点没有什么疑义。

朱熹在《论语章句集注》中解释说:"牛有兄弟而云然者,忧其为乱而将死也。"朱熹理解子夏所讲的"商闻之矣:'死生有命,富贵在天'",大约是听孔子所说——"盖闻之夫子"。朱熹又联系《论语》中有关司马牛的上两条"司马牛问君子"和"司马牛问仁"一同加以解释说:"司马牛,名犁,孔子弟子,向魋之弟。""向魋作乱,牛常忧惧,故夫子告之以此。"

朱熹所说的向魋,就是《论语》中的桓魋。桓魋兄弟五人,老大是向巢;老二是向魋,就是桓魋;老三是子牛,就是司马牛;老四老五,分别叫子颀和子车。他们都是宋国前国君桓公的后代,所以叫桓氏。桓公的长子宋襄公,是赫赫有名的春秋五霸之一。桓公第五子子肸,受封于"向",就以"向父"为字。桓公以后,宋国经历襄公、昭公、文公、共公、平公,向父的后人,与国君的血亲关系已经超过五世,按照《周礼》五世亲尽可以别姓的规定,改姓向了。但是他们是桓公的后人,为了显示身份的高贵,所以同时又以桓为氏。在宋元公和宋景公时代,他们既姓"向",同时又以"桓"为氏。因此,桓魋也叫向魋。

桓魋兄弟,主要生活在宋景公时代(前516—前453),宋景公在位64年,跨越春秋战国,大约是中国历史上当政时间最长的君王。景公前期,桓魋兄弟五人都有相当地位,老大是名义上的全国军事统帅,手中直接掌握宋国军事大权,握有兵符;老二就是桓魋,是大司马,是宋国实际的军事统帅,掌控宋国的主要军事力量；老四老五都是老大、老二身边的主要参谋官，老三司马牛也有封地。司马牛投奔孔子门下的时间无法确考，不过肯定不是在孔子周游列国来到宋国附近的时候。那时桓魋还在大司马任上，派兵士围困过孔子。后来宋国君臣互相猜忌，桓魋试图设宴暗杀宋景公。景公识破以后，找来桓魋的大哥，说明情况向他讨要兵符，以便出兵攻打桓魋，并且发誓不会株连到桓魋的其他兄弟。桓魋（向魋）被击败以后，逃出宋国，大哥向巢害怕宋景公失信，也带着四弟和五弟逃离宋国，司马牛也因此交还封地，离开宋国。大约孔子周游列国回到鲁国后，司马牛刚好流落到鲁国，得以拜师孔子。

司马牛"人皆有兄弟，我独亡"的哀叹，应当就是在桓魋畏罪逃离宋国之后，所以朱熹才说司马牛害怕自己的哥哥被杀而"忧惧"。

史书对这段历史的描述约略如此。这段史实如果大致不误，那么朱熹的解释，显然是有问题的。

首先是司马牛害怕兄弟被杀死，就算主要是桓魋，但也应包括另外几个兄弟。

表面上看，情况应当是这样的：当兄弟五人都因老二谋逆受到牵连跟着遭殃，从此天各一方，难以相见的时候，司马牛经常心里发慌，看到别人跟兄弟在一起，就想到自己很可能会在不久的将来会失去桓魋和其他几位兄弟。我用"表面上看"是有另外意指的，就是事实可能不是这样，或者不止这样。

有关"司马牛之忧"，相关记载也只是出现在《左传·哀公十四年》中不很清晰的上述一条，司马迁当年写《仲尼弟子列传》，大约也只是根据这一条，在这篇颇似人名、言论统计表的《仲尼弟子列传》中，司马迁并没对司马牛做出什么实质性的交代，只说了"司马耕，字子牛"这么一句，然后引了《论语》中有关司马牛的两句话就结尾了。

司马迁没说司马牛做过什么事情，也没交代他是哪国人。后世却出现了两个司马牛的分歧，南朝刘宋后期史学家裴骃的《史记集解》，说"孔安国说"司马牛是"宋人"。唐代玄宗开元年间的史学家司马贞作《史记索隐》，对裴骃的说法又进一步补充："《家语》云'宋人，字子牛'，孔安国亦云'宋人，弟安子曰司马犁'也。牛是桓魋之弟，以魋为宋司马，故牛遂以司马为氏也。"司马贞这段话，指证裴骃说法的根据出自《孔子家语》；同时又指证裴骃所说司马牛"字子犁"，是孔安国转述自己弟弟孔安子的说法。

司马贞的说法，后来惹出了一点小麻烦。他虽然继续照着《史记》的说法，指认孔子的这个弟子叫司马耕，"字子牛"，但同时又指出司马耕的字可能叫"子犁"，并且说明这种说法来自《孔子家语》中孔安国和他的弟弟孔安子。司马贞似乎是想"纠正"司马迁"字子牛"的记载偏失，并没有说宋国在孔子的时代，曾经有过两个叫司马牛的人。《论语注译》的作者杨伯峻，却依据司马贞的这种说法，进一步猜测可能同时有两个司马牛。（"但我却认为，孔子的学生司马牛与桓魋的弟弟司马牛可能是两个不同的人，难于混为一谈。"《论语译注》（中华书局 1980 年

版,第125页)

因为感觉历来注释者对《论语》"司马牛忧曰"这段的解释都说不通,所以才要对到底是只有一个司马牛,还是两个司马牛被后人误认为只是一个人这件事情做点分析。

重名、重字的情况自古就有,无甚稀奇。如果是两个不同的司马牛,《论语》"司马牛忧曰"这段的历来解释,就都可以说得过去,不必纠缠。

但在一个小小的宋国,同时代出现两个司马牛的可能性其实已经很小,何况"司马"在当时也不是随意可以当作姓氏的,因为桓魋是执掌宋国兵权的大司马,所以他的兄弟才可以司马为氏,由于这一点,同时期出现两个司马牛的可能性基本上就没有了。所以笔者以为,孔子的这位"司马"弟子,名叫司马耕,只是"字"被后人搞错了,或者只如《史记》中所说的"字子牛",或者这个人使用过两个"字",一个是"子牛",一个是"子犁",司马耕应该就是一个人,不太可能同时有两个都叫"司马耕"的人。

确定了就是一个司马耕之后,我们再回头来看历来对《论语》"司马牛忧曰"这段话的解释。

历来对这段话的解释,如果轻易"滑"过去,都还勉强可通,但要是较起真来,却是明显不通。

不妨想象一下,如果一个人跟老师和同学们在一起日常相处,因为害怕自己的兄弟们将被杀死,而不时感到恐慌,忧心忡忡,老师和同学们会安慰他说:"人的死生,在命里都有定数;人生的富贵,也在上天手里把握着。忧心是没用的,你的兄弟们死,就让他们去死吧。只要你自己做事认真,对人恭谨,天下的人都会成为你(新的)好兄弟的,君子还怕没有兄弟吗?"有这么劝人的吗?

最早做如上解释的不是朱熹,更不是后来照着朱熹讲的元明清和近现代的学者,而是西汉的孔安国。后世的注释家们大约也没把这段话语太当回事,所以就一直沿用了孔安国的说法。那么,这种不通情理的解释究竟问题出在哪里?能不能提供一种说得通的解释?

首先,向来的注释,都使子夏"君子何患乎无兄弟"的话语,与司马牛"人皆有兄弟,我独亡"的说法,无法产生直接对应的关系,这是本篇问题意识的由来。前面已经说了,注释家们的说法,虽然在语义本身大致都能说得过去,但却不合乎情理。面对"我害怕兄弟们要死了"的说法,不会存在"他们死就让他们死吧,天下很多人都还可以成为你的兄弟"的回应。这跟司马牛这个人是否认真做事与恭谨待人发生不了情境上的关系。

非常明显,注释家们把"亡"都当成了"无",这种解释是错误的。司马牛所说"亡兄弟"的"亡",与子夏说的"君子何患乎无兄弟"的"无",应该不是同一种意思。"亡",除了"死亡"和"无"的意义以外,还有诸多意义,逃亡、流亡,都可以说成"亡",不止是死亡和没有。笔者所以能首先想到"亡"可能是流亡的意思,是司马牛当时确实处于流亡状态。

其次,朱熹等将"忧"解释成"忧惧",虽然很贴近,但是"忧"

虽然指心理不安的状态，跟"惧"却还有一定距离，轻重程度差别不小，心理指向也不完全一致。"忧"是忧虑、紧张，"惧"是害怕、恐慌。这段话没说"司马牛惧曰"，而是说"司马牛忧曰"，这两种说法应该存在一定的区别。

最后，咱们再来考察"有"，也许这个字更关键。历来注释家的疏忽，大约主要出在对这个"有"字的理解，轻易将"有"字，解成了有无的"有"。

"有"字，除了有无的"有"的意义之外，还有保佑的"佑"的意思。

《墨子·非命下》"天有显德，其行甚章，为鉴不远，在彼殷王"中的"有"，就是保佑、护佑的意思。《荀子·天论》中的"愿于物之所以生，孰与有物之所以成"，还有《荀子·大略》："君人者不可以不慎取臣，匹夫不可以不慎取友。友者，所以相有也。"两段中的"有"，都是保佑、护佑、庇护、扶助、帮衬之类的意思。

如果将司马牛话语中的"亡"解释成"流亡在外"，而将"有"解释成护佑，那么司马牛"人皆有兄弟，我独亡"的全句意思，就不再是"人家都有兄弟，只有我将要丧失兄弟，只剩孤苦伶仃的一个人了"，而应该是"人家都是兄弟在一起，互相帮助、护佑，只有我一个人孤苦伶仃流落他乡"。

这样解释司马牛的话，子夏的说法就可以安顿了。全句由此可以这样翻译：

"司马牛说：'人家都能跟兄弟们在一起，有兄弟护佑、帮助,我却单独流亡到这里。'子夏听了以后劝慰他说:'我听(老师)说,一个人的死生和富贵都有命定的成分,不是人力所能操控的。'就算亲兄弟们不能经常在一起互相帮助,但是只要认真做事,恭谨待人,天下很多朋友都会像兄弟一样互相照应,君子何必总为没有亲兄弟在身边而感到孤独、忧虑呢!"

　　这样这段对话就通畅了,不仅语文上没了障碍,人情上也无亏欠了。

第四札　是朋友胜过兄弟,还是兄弟亲于朋友?

笔者花费如此心思说明上面那段话,目的不仅是要讲通那句话,也不是为了沉浸于这种考辨的小收获中沾沾自喜,而是为了说明朋友和兄弟在儒家的伦理中哪个分量更重。

因为讲通了上面那句话,顺便也可以把《论语》中的"四海之内皆兄弟"和墨子"兼相爱交相利"(《墨子·兼爱上》)做一分别。

到底是朋友胜过兄弟,还是兄弟亲于朋友?这里不仅蕴含了中国人人生的理想,而且蕴含了中国人日常生活的目标和行为方略。儒家"四海之内皆兄弟"的说法,经常被不明真相的人随意等同于墨子的"兼爱",其实两者是有非常大差别的。

儒家"四海之内皆兄弟"的意思,不是对待四海之内的人,都要像对待兄弟一样,尽管亲密程度或可约略相当,但这里涉及儒家的"经"与"权"的关系问题。

"经"是一种原则,"权"是一种变通,这是两者根本的不同。儒家的"四海之内皆兄弟",并不是把四海之内的朋友真正当成兄弟,而是兄弟不在身边时的一种"权宜"。广泛流传于民间的"朋友胜似兄弟",其实也只是把朋友放在相对兄弟"胜似"的档位上,"似"是像,"胜"是"超过",但不管多么"胜似",终究还"不是",因此朋友还是不及兄弟。当然这是儒家的看法。所以,儒家的"朋友胜似兄弟"只是"权",心里想的"朋友不及兄弟"才是"经"。"经"才是根本("孝弟也者其为仁之本与"),"权"只是枝叶。在儒家的"经"上,兄弟远远高于朋友,只是"便宜"时,可以把朋友当兄弟对待。

但墨子的"兼相爱交相利"是"经",不是"权"。儒家重秩序,试图用血亲的自然次第作为人间秩序建立的客观基础,进而产生对人伦私德的重视。墨家重公平,认为人伦私德远不及公众性的博爱更能为人间的公平秩序构建可靠的基础。

儒家旨在维护古已有之的血亲基础上的人间秩序的稳定性,墨家则要打破原有伦理规矩,用崭新的提倡和坚定的行动,对旧有血亲味道鲜明、贵族色彩浓厚的社会生活,实施具有普遍公正性的平民化改造。孔子和儒家是旧有秩序的维护者,墨子和墨家则明显是一群"社会改革者"。(韦政通:《先秦七大哲学家》,水牛出版社1985年版,第120页。)

在墨家更重博爱的理想预设,比较容易诱发近代意义上的法律和平等观念的产生;儒家重血亲秩序,但父子君臣夫妇的等级观念过于牢固,不容易产生接近近代精神的平等观念,同时由于对血亲的极度看重,致使法律和亲情发生冲突时,多半会委屈法律以迁就亲情,因此同样不易产生近代意义上的法律观念和法制精神。(参见韦政通:《中国孝道思想的演变及其问题》,《现代学苑》1969年第6卷第5期)

但在中国这样一个农村仍然占据绝对优势的传统深厚的国家里,要想在短时间内实现轻亲重法的根本转变,先不要说制度化的难度,就是在情感上,也绝对不会被多数人接受。如何才能选择一种既能照顾血缘亲情,又能不妨害且保障现代社会公平正义的法律得以建立并且不受破坏,或者选择两者的交汇点,以实施"中国化"的现代法律并保障社会的基本公平正义,这既不是简单的部分人的愿望问题,也不是单纯的个别思想家想法的问题,而是全体国民的情感安顿问题。因此,在儒、墨两家的选择问题上,难度超乎寻常,必须审慎行事,单独选取任何一方执意实施,后果都可以预见。如何选择两家的契合点,学习人类其他文明经验,将是中国迈向现代化并走向世界化的一个必须面对的非常重大的抉择。有实力、有责任的学者,当于此付出实际而诚挚的用心和行动。

放下这段儒、墨对朋友与兄弟轻重看法不同的插叙,咱们再回到原题。

朱熹对司马牛与子夏对话的解释:"既安于命,又当修其在己者。"虽然在进德的意义上很有主动性精神,说是君子既要安于天命,又要努力修身,重塑自己。但是说到底,跟司马牛忧虑无告的心情,是没多少相干性的。不过朱熹的解释法,也不仅只是沿袭了孔安国以后的理解偏差,子夏本身的说法里,确实也存在这种被错解或者曲解的可能性。

　　眼见司马牛与兄弟们将要"死别",子夏应该不会无动于衷,而只是劝他在与兄弟们"生离"时不要过度哀伤。子夏"君子何患乎无兄弟也"的说法,非常类似唐代诗人王勃"海内存知己,天涯若比邻"的诗意。后来司马牛很快就离开了鲁国,离开了孔子及其门人,客死他乡了。(《左传·哀公十四年》)当司马牛与孔子和子夏等师生朋友分手时,不知司马牛是否体会到了子夏的真正用心?孔子过世后,子夏与孔门其他学友分别各奔前程,"与君离别意,同是宦游人"的实际经历,应该使子夏对当年司马牛的境遇和心情,也有了一些切身体会。假使让子夏此时面对当年司马牛的孤苦哀诉,他对司马牛或许会有一些共情,而不只是简单的道德激励。

　　其实当时司马牛需要的是感情慰藉,而子夏给予他的,却多半只是进德的劝勉。儒家这种过于看重道德的习惯性做法,确实限制和挤压了情感生发和表达的空间。儒家在强调个人成德重要性的时候,确实有对人的情感关怀不够的明显不足。

　　《子路》篇里,还有一段对话,跟朋友与兄弟的关系相关。子路问孔子:"怎样才算是士呢?"孔子答:"朋友之间,相交以义,在道德方面相互勉励,要以在道德上立身行世为要务;兄弟之间却是以和悦相处为目标。跟朋友能够相互切磋琢磨,跟兄弟之间能够相处亲和快乐,这样就够得上士了。"(原文:子路曰：'何如斯可谓之士矣？'子曰：'切切偲偲，怡怡如也，可谓士矣。朋友切切偲偲，兄弟怡怡。'")孔颖达说："朋友之交则以义，其聚集切切节节然，相劝竞以道德，相勉励以立身，使其日有所得，故兄弟不如友生也。切切节节者，切磋勉励之貌。"孔颖达的意思，是说朋友之间相交，是为了各自在道德上努力精进；所以从帮衬人生进步的意义上来讲，朋友比兄弟重要。当然他是站在孔子的立场上说，所以才称为"友生"。

有关兄弟和朋友孰重孰轻，并且主要适用于何种场合，确实是今人在学习《论语》等儒家经典时，应当引起足够重视的一个方面。

第五札　交朋友应该注意哪些事项？

交友既是交自己,就要首先从自己做起。

怎样从自己做起,笔者只在这里提几条建议,朋友们不必以完满无缺期之,也不要当学术研究的成果对待,只不过是个人兴之所至,根据平时直接或间接的生活经验想到的,一定不会很周全,更不可能是定论。只要能给朋友们带来一点启发,就不算是无效劳动了。

从自己做起,主要从哪些方面做起呢?

第一,要培养自己对问题和事情的关注,这样见面时才会有交流的话题和谈论的目标。要不然,见面就可能茫无目标,就不易产生有效的心灵交流和想法碰撞,就不会在交往中获得进步和成长。

关注一些其他行当的情况,了解一些其他行当的知识,可以使谈话少出一些岔子。我刚来深圳那几年,跟几位朋友餐会,人家说到"芝士",我听成了"知识",感觉不对,就问人家"芝士"是什么,人家告诉我是奶酪。不懂不丢人,问了就懂了,但如果开始就知道,就不会打断人家讲话,影响谈话的正常进程。"芝士"虽然跟我的职业无关,但却跟我们的生活相关,似乎我应该知道,但我在这方面经常表现出类似的无知,必须留心一些职业以外的东西,这种无知的情况才能得到一定的补救。

不管从事工农业生产、建筑、挖掘等体力工作,规划、管理、技术、产品推广等具体事务性工作,销售、餐饮、旅游、保卫、环保等服务性工作,还是从事技术发明和创造、科学、学术与思想研究等脑力工作,在职业专攻的基础上,都应该对职业以外的其他行当、其他类别的从业者,给予足够的关怀。也应对身边发生的人和事等,有所关注,有所了解。这样的话,朋友们见面时才会有话可说,要不然就算经常见面、聚会,也少有能够引起共鸣的话题可供讨论、交流。如果没有共同话题或相近话题,用来引发深层探讨和意义的追寻,朋友间的见面、聚会,就会慢慢变成味道寡淡的无聊厮混,无聊乏味地在一起厮混,白白浪费时间,谁都不会获得进步。

如果每个人都能从自己做起,关注一些有真实意义的事情,见面或聚会时,就会有更多的话说,朋友们多少都能因见面而有所获益。

当然,最好谈论的话题还能有一定的社会意义和人生意义。孔子说:"群居终日,言不及义,好行小惠,难矣哉!"(《论语·卫灵公》)有意义的话题有时也包括热点新闻和紧急事件。

就有意义的话题进行谈话,不仅能使参与者都有收益,而且也能激发谈说的兴趣和活力,使气氛更加热烈,增强大家的现场感,调动大家的参与热情。

第二,平时如能读点书,想点问题就更好。哪怕三个月摸过一本其他行当的书,一年摸他三四本,每本摸个三五十页也行,总比一点不碰好。多少读了一点书,跟朋友聊天时,就不会因为缺少话题和见解而过于尴尬,交流的情状就会改善很多。

读书不是学生、教师和科研工作者的专利,没人有权剥夺清洁工和服务员、工人和农民读书的权利,这些人也许还有另外的角度和特别的看法。学生、教师、科研工作者,也一样需要读一些专业以外的其他书籍,有助于自己思路开阔、心胸豁达。

第三,向比自己强的人看齐,不要和不如自己的人比较。

经常听到有人在自己落后,或者工作、学习上出现失误时,总在谈论还有不如自己的人:"他们还不如我呢,我比他们强多了。"为什么不提那些比自己强的呢?为自己的懈怠而落后找理由是没意义的,既无助于自己摆脱落后的困境,也无法给自己带来真正的心理安慰。人得向前赶,要不断努力将自己的生命向上提拉,使自己不断走向优秀,不能任由生命下沉,更不能自暴自弃。为自己的不进步或进步缓慢,找寻其他借口更是缺乏自强意志的表现。有了不足,有了差错和失误,本身并不是多大的问题,只要以后努力就能改变,不要总去找寻外在的理由,要首先反省自己。孔子说:"君子求诸己,小人求诸人。"我们可以不去管这句话中的道德意味,也根本没有必要把一点点小的过失都上升到道德层面上去,这样除了造成人家心理的过度紧张，并不会收到多少更加实际的效果。但是孔子这句话中，强调从自身找寻言行不足的做法是没错的。孟子说的"行有不得，反求诸己"（《孟子·离娄上》），讲的也是这层意思，而且没有直接的道德所指，对要求自己和反省自己，更有平和的实际意味。

就算没有差错，同时也并没有落后，一样要努力不断改善自己、改进自己。这不仅对自己有益，对朋友也有劝勉作用，大家各自朝向更好、更高的方向努力，交往的品质就会不断获得提升，交往的过程就会越来越有意义。

第四，尽量不要说大话。孔子说："君子耻其言而过其行。"（《论语·卫灵公》）咱们同样可以先把里面道德的意味放在一边不管，就普通人的交往来谈论这个问题。说大话会给人以不实的感觉，久而久之会失去朋友的信任。失去朋友信任事小，自己真会因为好说大话而慢慢变成华而不实的人，这件事情更大，我指的是由此给自己带来的危害。

第五，不要跟朋友玩谋略。朋友间最应当讲真诚，最忌讳互相算计，互相利用。总想利用朋友，总想算计朋友，总是想跟朋友玩谋略，这样的人真可以说是德性不好了。以诚相待，是朋友最基本的要义。以为会耍心眼就是聪明，那可真是大错特错了。而且使计策、玩谋略，往往很少能得逞，因为这个世界上没几个人比你傻，只是你自己以为你最聪明。

第六，不要总是埋怨别人不理解自己，要在理解别人方面多用些心思。孔子说："不患人之不己知，患不知人也。"（《论语·学而》)总埋怨别人不理解自己,交往的气氛也不容易和谐。自己怀着诚恳的用心,努力了,也收获了,别人一时不了解,也不用在意。不用急着一定要让人知道,该知道的时候人家会知道,能了解的东西人家也能了解,不用着急推销自己,更不必要求朋友立即认同,马上赞赏。只要自己真有见地,真做了有意义的事情,真在成长,朋友们会知道,也会赞赏的。如果说怕别人误解,说了以后人家就不误解了吗?如果人家对自己产生了怀疑,那不是越解释人家越怀疑,此地无银三百两了吗?《论语·卫灵公》里说:"君子病无能焉,不病人之不己知也。"这话是非常有道理的。

《论语》开篇就讲:"有朋自远方来不亦乐乎,人不知而不愠不亦君子乎?"咱先不说君子不君子,我们都是普通人,但普通人也要进步,不然对不起流失的岁月。《学而》篇中还说:"不患人之不己知,患不知人也。"这确实是朋友交往时应取的态度,也是确能收到良好效果的态度。

第七,看到朋友进步要多赞赏、表扬,可以羡慕,但千万不能嫉妒,要真心向人家学习,才能使自己不断进步。

"三人行,则必有我师焉"(《论语·述而》),发现朋友身上优点,看到朋友进步,不要吝惜适时的赞赏和表扬。赞赏和表扬朋友时,不能故意阿谀、虚美,这是一种智慧,不是一种技巧,区别两者的关键,主要看用心是否真诚。只要出于真心,无论赞赏和表扬是否到位,朋友都不会感觉不舒服。如果别有用心,夸到天上去,朋友心里一样不舒服。如果有人表扬你,说你比苏格拉底和孔子都伟大,那你就得跟他保持距离了。

跟朋友交往,需要特别留神自己的心理反应,不能嫉妒朋友的进步,朋友一旦在某方面超过自己了,自己心里就感觉不舒服,从而产生嫉妒,这是一种经常性心理误区。要努力克服自己,尽快走出这种误区,对人对己都有好处。不仅如此,还要帮助朋友进步,帮助朋友找出路展现他的才干,实现他的价值,这叫"君子成人之美"。

跟朋友交往的过程,常常是互相消除孤独的过程,所以不必跟这些朋友说自己另外的朋友地位高、资源好之类。这种做法并不能表明自己交往能力强、招人喜欢,只能表明自己俗气,图虚名,拉大旗作虎皮。与朋友交往,不是为了显示自己、抬高自己,更不是为了狐假虎威,压抑别人,而是相互欣赏、共同进步。互相进步,使双方分别获得不同的成长,这才是交朋友的要义。一个善于学习的人,总能从不同朋友身上学到不同的东西。

第八,多关心朋友,少向人家求助。

朋友间虽然需要互相帮助,但一般来说,不应主动向别人寻求物质性的帮助。我不提倡有经济困难向朋友们求援这种做法,这样做给人的感觉不好。尤其是故意夸大困难,经常向社交圈哭穷,更是不招人喜欢。人生如果有困难,能自己克服的最好自己去克服。朋友是情感之交,是精神之交。有困难时朋友主动伸手的,那是朋友的情谊。但反过来说却不一样,当朋友真有困难时,只要合情合理合法,该出手时,就不必等待朋友来求助了。

当然，关心和帮助朋友也要有度，不要总是想着去关心别人、帮助别人，过度了就会成为干扰，给人一种被束缚的感觉。

第九，朋友之间，最好能以志相奖，做不到也无妨，因为普通人不一定非要有多么远大的志向，平日里的朋友交往，也不要期望值过高，尤其不应对朋友提出太高要求，这样会使人家很难受。大家都是普通人，按照普通人的交往方式交往就可以了。但如果有可能，还是向上推助，以志相奖，以力相推，使友谊向更崇高、更远大的方向发展。

第十，要多在朋友身上找优点，少从朋友身上挑毛病。

虽然在与朋友的交往过程中，要"择其善者而从之，其不善者而改之"（《论语·述而》），但见其不善之后，主要是引以为戒，方便时对朋友微谏一下是可以的，也是应该的，但不要总去挑别人毛病，更不要总去指责别人。"己所不欲，勿施于人。"（《论语·颜渊》）自己不希望别人总挑毛病，自己不愿总被别人指责，将心比心，也就懂得挑别人毛病、指责别人时，别人心里的感受了。朋友之间，主要还是应该互相关心，互相帮助，互相爱护，互相推动成长，互相促成进步，而不是互相挑刺、互相指责。经常挑别人毛病，反过来会伤到自己，会使朋友对自己产生怨憎情绪，如孔子所说："躬自厚而薄责于人，则远怨矣。"（《论语·卫灵公》）

笔者虽然可以讲出这样一堆道理，但我自己做得其实很不够，还要不断努力改进。要不然书都写给别人看了，跟自己却没发生关系,如此写书,对自己反倒没好处了,这书写得就不划算了。

　　我就说上面十条,朋友交往需要注意的事项肯定还会有不少,每个人的处境不一样,感受也自然会有不同。朋友们如果有另外的想法,希望有以教我,开愚启蒙,布德施恩。

第六札　为什么说友情可以实现对人生的情感救赎？

友情，可不是儒家所独创，有人类就有交往，有交往就有情谊，情谊之中古往今来被普遍看重的多在朋友之间。盘古开天，上帝造人，同时也为人类开出了一片培植友情的广阔田园。这是人生的一片大田地，《论语》开篇就讲"有朋自远方来，不亦乐乎"，正是欣喜地看到了这片大田地。

儒家耕种这片田地，是为了养德；墨家耕种这片田地，是为了植义；道家耕种这片田地，是为了体道自持，逍遥自适。普通民众耕种这片田地，也不只是为了简单的"平居守望、疾病扶持"，同时也是为了"嘤其鸣矣"，寻觅相知。没朋友，人生太孤寂，没知心朋友，人生会少一种重大的乐趣。友情这片"田地"，耕种了古往今来无数人的人生。在这片田地里，有人收获了富裕，有人遭受了贫瘠。富裕者享受了快乐，贫瘠者经受了孤苦。

人是天地生、父母养，又要生儿育女，完成自然的生命传递。在这个世界上走一遭，面对父母长辈，我们总不免含有"报恩"的心思。裹挟报恩的交往，心里就不会完全释然；加上有"孝"与"敬"的责任意识在里面，就会使得这种关系不能彻底脱离义务，心理上不能真正达到无所顾忌的程度。跟儿孙们的相处，因为承载的责任过重，总想替他们担待一些东西，又总是希望他们做出一些成绩，同时还会想着给他们起点表率作用，同样不能平等轻松。夫妇之间也有类似的问题。

不能彻底放下责任义务，不能完全释怀希望与回报等，就不能进入游刃有余的自如交往状态。

处在被规定的和有意识的承担里，无论是责任还是义务，虽然都是必要的，但同时也是无奈的。生命的本真，其实是不希望承载这些负担的。但是，行走在人世间，不承担责任和义务，生命就会轻荡漂浮；但是，往来于人生的情境中，要是被这些责任和义务困锁住，就不能获得无牵无挂、挥洒自如的真感受。晓命之状，达生之情，既有承担，又能洒脱，使孔子和庄子，并行而互取，两端而一致，方才有望获得真正至乐的人生。

生命不仅是一个人闷头自己活，需要诉说，诉说经历，诉说遭遇，诉说感受，诉说希冀；适宜的外在对象，不仅可以提供生命需要的满足，还可以帮衬和扶助生命，为生命解除寂寥与困惑，让生命感到安适与快慰。作为外在适宜对象的朋友，还可以映衬和烘托生命。没有朋友，人生不止会感觉寂寞无聊，也会感到孤独苦闷，还会感到空虚无望。朋友可以给生命填充能量,让生命产生美感,为生命增添意义,使生命充满光辉。

朋友之于人生不可或缺的原因在此,生命对自身拥有价值自信的缘由在此。在人的一生中,既有相处趣味,又无诉说顾忌,相互间的关怀,既温馨而又不相互捆绑纠缠的舒适交往关系,可能当属朋友之间了。

没有真心、舒爽的朋友,人生也就不能因为彻底忘怀而真正开怀。如此说来,朋友对于人生,确实是太重要了。

如果一生中能有几位知心朋友,不时习学交流,不时相聚恳谈,不时吟咏欢畅,不时同游共赏,一道快乐地活下去,人生还有何乐如之?

人生得遇知音,最是春风得意。那种感觉,就像春天听到河水开始汩汩地流淌,就像夏日里吹来凉风,就像秋高气爽,就像霜染枫林。

虽然都说"海内存知己,天涯若比邻",但在实际的人生历程中,得一知己确实很难,遇见知音,更是祈求不来的福分。得遇几位知冷知热、同悲同喜,无论富贵、患难都能相依不弃的朋友,真得感谢天,感谢地,感谢阳光普照了大地。珍重自己,珍视友情,我们的一生就不再孤立无援,也不会孤苦无助。

人生得知己,当以同怀视。一旦我们拥有了这样的好朋友,就应当与他们一道,并肩携手,快乐地活下去。

"泉涸,鱼相与处于陆。相呴以湿,相濡以沫,不如相忘于江湖。"(《庄子·大宗师》)

"相呴以湿,相濡以沫",自然是令人羡慕的,人毕竟不是神仙，现实中没有朋友，单独走路一定很苦、很累，人生的道路并不只是咫尺之遥，需要帮衬，需要有携手同行者，需要生死与共的相知和关怀。但人也确实有一部分神性，并不完全拘泥于朝夕相伴，"相忘于江湖"也是一种交往方式，而且还是更高远、更美妙、更令人神往的交往方式。

在这种"相忘于江湖"的交往方式中，人的俗世情怀和不切实际的奢望，以及在人生历程中所受到的尘世污浊，都会被洗涤净尽。人，会因此而获得更加深邃绵长的友情之奖赏，人也会因此实现对于世俗生命的艺术化的情感救赎。

第五函 自立自处的智慧

第一札 "为己之学"是自私自利的意思吗?

孔子说:"古之学者为己,今之学者为人。"(《论语·宪问》)历史上的儒家学者,都懂得儒学是"为己之学",道家学问、佛家学问,深刻点可以说无论西洋学问还是东方学问,也无论思想、艺术、文学还是科学,其实也都是为己之学。

不明真相的朋友们可能会问:难道学习是为了自己而不是为大家?如果是这样,不等于强调自私的合法性与合理性了吗?干脆直接说"人都应该是自私的"不就得了,拐这么大弯子有必要吗?

因为确实经常会遭遇到这种问题,所以必须首先对"为己"和"为人"做个说明。

首先得承认,"为己"和"为人",确实是两种不同的目标指向。从字面上看,"为人"显然是符合公众期待的,而"为己"并不符合公众的期待。无论是中国还是西方的伦理,无论从行动上了解还是从动机上着眼,都会把"为人"当成正面的价值加以提倡，同时都不会赞同"为己"的正大性。

那为什么儒家要强调儒学是"为己之学"呢？这种说法的源头又在哪里呢？

孔门弟子因为当年经常跟孔子在一起，对于"为己之学"的意思自然都能心领神会，不会产生疑问。可是到了后来，人们只能通过文字来理解意义，面对这句话时也就无法不产生上面所说的疑问。有了疑问就要解答，要不然看到这句话的人就会误解，以为儒学是强调自私自利的学派。有关孔子的这句话，南宋的儒者朱熹解释得清楚明白："为己，欲得之于己也；为人，欲见之于人也。""为己"，是希望对自己所学的东西真有所得，不仅在心理上认同，而且真有实质性的收获。如果怀着"为人"的目的，就会拿所学到的一点东西去炫耀，觉得自己了不起，故意给别人看，卖弄自己的一知半解。兜售自己、吹嘘自己、显示自己，拿所学到的一点东西去换取衣食和名誉、地位，这种"欲见之于人"的"自私自利"，同时还会导致自以为是心态的不断膨胀与扩张，导致这种结果的，不是因为"为己"，恰是因为"为人"。

如此看来，"为己之学"，不是为了给自己将来掌权获利而学，而是为了使自己真有所得，学到真东西，学到真精神，不把学习当成幌子和招牌，目的不是为了让人看到自己在学习，而是要让自己感觉自己确实学有所得，在学习中获得了真实的进步与成长，这才是真正学习的态度，也才是学习的真正目的。学习的真正目的在于"立己"——让自己在学问上和人格上都能获得真正的进步,从而帮助别人,服务社会,造福苍生,自己也会因此而挺然独立地行走于人世之间。这是"为己之学"的目标动机,也是学而为己的效果期待。而与此相对的"为人之学",则因为过于在乎做给别人看,从而学不到真东西,更学不到真精神,这种自欺欺人的错误目标,不仅不能帮到别人,最后还会彻底坑陷了自己,截断自己进步的可能路径。就像程颐所说:"古之学者为己,其终至于成物;今之学者为人,其终至于丧己。"

至于为什么学习和为了谁学习,确实是个非常紧要,同时也非常关键的问题。南宋朱熹在《论语集注》里注释孔子这句话时说:"圣贤论学者用心得失之际,其说多矣,然未有如此言之切而要者。于此明辨而日省之,则庶乎其不昧于所从矣。"意思是圣贤在讲到学者用心目标的时候,说过很多有启发意义的话语,但都没有这一句直切而紧要,学者或读书人,如果能够懂得孔子这句话的真正意思和良苦用心,也就懂得儒学确实了不起,学习起来就会目的明确,不会再混混沌沌、糊里糊涂了。

孔子倡导为学是为了成德,是为了在道德的意义上成就学习者的人格,让自己能够挺然独立在生活世界里,不为权势所屈,不被利欲所惑,不沉溺于琐细的事务中难以自拔。"学",不是为了去炫耀或者换饭吃,不是为了去捞取权力和利益,也不是为了给自己增加外在的光环,尤其不是借一点所学去哄骗愚众,欺世盗名。"为己之学",原本就是这样的意思,也只有"为己之学"有"成"之后,才会真心去服务大众,才会心甘情愿地为社会奉献。

与"为己之学"相对的"为人之学",因为起初的目的不纯正,因此所学也很难达到真正精深的程度,只是浮光掠影而已,之后又故意去做给别人看,"领导不在不干活",别人看不见,不会去奉献。而在别人看不到的时候,常常会趁机谋取私利,发展到一定程度,就会不顾公共权利和公共利益,为了自己的爵位名利而无所不为,无所不用其极了。

以上就是"为己之学"与"为人之学"在实际效果上的比照。看清了这种比照,就能看懂在"学"的问题上怀有什么样的用心是多么重要,也就看懂了"为己之学"和"为人之学"的用心和区别。

第二札　如何将挫折转化成体会和动力？

走在人生的道路上，免不了遭遇各种各样的挫折，如果一个人始终在挫折的漩涡里周旋，心里一定会感觉很压抑、很憋闷，日子过得很涩、很苦。

化解人生的挫折，减轻挫折对生命所造成的沉重压抑，必须仰赖智慧。但这个智慧不能是外在的，虽然可能首先是"从外部"学得的，但是一定要将智慧内化为自己的力量，才能解除人生的困惑，减轻生命朝向自我的反向攻击力和压迫力。严格来讲，智慧不是外在的，从外面学来的"智慧"，只是智慧的"手法"，最多只能是看到了智慧的"影像"，智慧其实是生命的觉悟，只有觉悟了的生命，才会拥有智慧。觉悟了就是拥有智慧了，拥有智慧了，也就表明觉悟了。

智慧可以帮助我们减轻心灵苦闷，也可以帮助我们祛除因为不够自信或屡屡遭受挫折所导致的精神不振和自我颓靡。

智慧，是人生自我安顿和自我拯救的最伟大力量。

面对挫折,首先要了解挫折在人生中在所难免,无论多么了不起的人物,都不是从来就那样了得,而是经历了无数挫折,才慢慢走入平缓和顺畅的境遇。

举几个例子来说吧。

孔子父亲叔梁纥的第一任妻子施氏,是个很刁蛮的人,年迈的父亲过世时,孔子才3岁,家产全被施氏独占,孔子和17岁的生母一道被赶出家门。幸亏外公家经常接济一下,要不然母子俩都可能会饿死。孔子17岁时,年仅31岁的母亲又过世了。因为这种家庭境况,孔子从小受了不少委屈,经受了数不清的挫折,但却使得孔子很小就非常自立,勤奋好学。母亲过世那年,孔子开始做婚庆司仪,算是自谋职业,能够养活自己了。此后相当长时间,甚至整个一生,孔子都很少有特别顺畅的时候,颠沛流离,尝尽了人间冷暖。

孔子能成为有成就而备受后世崇尚的圣人,靠的是他顽强的拼搏意志,靠的是他勤奋好学、不耻下问的努力,靠的是他学到的知识和技能,更是靠他的道德涵养和人生智慧,才能摆脱挫折的困扰,屡挫屡奋、愈挫愈进。他把学到的古典知识和先贤们的思想、行动智慧,内化到了自己的生命里,这是他虽挫仍奋、虽苦尤甜,获得人生成功的真正秘密。

苏格拉底已经大名鼎鼎,却被判处死刑,为了尊重城邦法律,不想逃跑,甘愿受刑,这是他的学养,更是他的德行。有学养,有德行,有成就,一样避免不了受挫折。拿破仑早已威震整个世界,仍然躲不开滑铁卢的惨败,栖栖遑遑,孤独寂寞地死在荒岛上。

人生无时无刻都有挫折,受不起挫折,就活不出人样。扛得起挫折的人,才能撑持起生命。先别讲历史担当和现实责任,担当得起自己的生命,已经是件非常不易的事情了。

尽管生命中充满挫折,但我们却不能因此将生命当成负担,更不能简单地将生命的过程看成是受罪的过程。要把生命当成一件艺术品来努力加工制作,这是我们的责任,更是我们的荣耀。把人生当作一次让我们成为艺术家的机会,我们就会不懈努力,去把生命加工制造成一件未必光彩夺目但至少赏心悦目的艺术品。

仅仅以活着为目的,生命就会成为我们的负担,我们既没有兴趣去努力,调动不起生活的热情,也展现不出必要的力量,去完成生命的再造和重塑。

父母给的只是活的生物肉体,生命需要自己去创造,生命的价值和意义,生命的色调和韵律,都是我们自己努力创造和谱写出来的。

生命是一个创造的过程,既然是过程,图纸的设计和绘制就会出现问题,这就是挫折。挫折很正常,挫折也很寻常。没有不经修改就能完美的文章,也没有不出差错、不受挫折就能成就的人生。

为了减轻挫折对生命的压抑,缓解由此带来的沮丧情绪,首先要了解挫折的性质和方向——是什么类型的阻隔所造成,它从哪里来的,比如自然地理的、社会政治的、工作环境的、人际关系的、家庭状况的、行为习惯的和个人心理的等。

　　属于自然地理的,包括水旱灾害、气候变迁、流行传染病等;属于社会政治的,包括战乱、政治运动,遭受苦难和冤屈等;属于工作环境的,包括学非所用,不被领导和同事们赏识、理解,甚至遭受排挤、打压等;属于人际关系的,包括沟通能力不足和缺乏做事经验,从而不能被周围理解、接受,或者碰上坏人,故意捣乱,挑拨离间等;属于家庭状况的,包括经济生活困难、家庭情况特殊,还有父母离异、离世,兄弟姊妹不睦等;属于行为习惯的,包括急惰、拖延、贪玩之类;属于个人心理的,包括急躁、内向、反应迟钝等。了解清楚了,才能一一对症下药。

　　尽管对挫折的来路有所了解,能够增加对挫折的认识,相对减少挫折对心理情绪的影响,可是说到底,却并不能彻底消除挫折。挫折是人生的伴侣,没有这样的挫折,就有那样的挫折,而且挫折也不会像约定好了一样,非要以某种特定的方式,在某种特定的地点和时刻到来。挫折可以分析,却难以预见。想要彻底不受挫折,是一种人生的错觉,也是一种不切实际的奢望。

　　挫折并不等于失败,受了挫折就一蹶不振才是失败。而且不止挫折,就算失败在人生中同样不可避免。因此,受了挫折,遭了失败,其实都很正常,只要不放弃,只要找准方向继续不懈地努力,就一定会有转败为胜的那一天。因挫折长见识,化挫折为动力,甩掉不必要的心理负担,昂首挺胸,朝向人生的光明境地,继续迈出矫健的步伐。有意义、有毅力,或者成功的人生道路,往往都是这样走出来的。

需要跟年轻的读者朋友们多说一句,就是不要把人生的成功,简单等同于获得世俗向往的功名利禄。人生的道路充满曲折,人生的成功却不在于满足衣食,也不在满足虚荣心,更不在于有资本可以向人炫耀或者有资金可以让自己随意享受、挥霍。

"半世功名一鸡肋,平生道路九羊肠。"这是南宋诗人杨万里的诗句。杨万里半生都在官场上浮沉,于世俗功名有得有失,人生的道路坎坷不平,绝大多数时间都在各种挫折中度过,人生很不顺畅。晚年回忆起来,发现一生中百分之九十的道路,都像羊肠子一样曲折;半辈子在官场的努力,其实却只如同一根鸡肋一样,没什么真正的嚼头。

仅看这首诗的表面意思,我们会感觉到他的一生很无趣,挫折极多而收获很少。但是如果能够看懂诗外的意思,就会忽然感觉到,杨万里是一位非常了不起的人生成功者。因为他看懂了人生,同时也看透了人生,所以并不把挫折当成多么大不了的事情,而是当成了人生的体会和收获。他是了不起的诗人,他在诗歌方面的成就很高,尽管这在当时并不能拿去换米、换钱、换官。

苏轼总结自己的人生说:"心如已灰之木,身似不系之舟。问汝平生功业,黄州惠州儋州。"说是一生已经被折腾得心如死灰了一样,对功名利禄和世间是非已经无动于衷,一生宦海沉浮就像没有绳索栓系的小船一样四处漂泊有如流浪,平生的仕途功业能够留下记忆的就是三次被贬:黄州、惠州和儋州。如果我们只看到他的这种自述大概以为他的一生苦不堪言,毫无成就,折腾了一辈子,什么也没捞到,只剩下一身灰溜溜。但是如果转换角度,这又何尝不是他对人生的感悟,何尝不是他人生最大的收获呢?只有真正懂得人生了,才会说出如此这番警醒人心的话语。

苏轼,还有杨万里,都是成就非凡的优秀读书人,他们不仅在诗词方面有成就,从政也都有很多业绩,那么多人想念他们,关心他们,后世也有那么多人羡慕他们,崇敬他们,学习他们,这不都是很高的成就吗?咱们千万不要轻易把他们的说法,当成对人生的抱怨,那是觉悟。觉悟,才是人生最重大的收获。真正感悟了人生,就不会把自己取得的一点小小的成就太当回事。反过来讲,也就不必把自己遭受的一点挫折常常放在心上。说到这里,我想把杨万里的另外一首诗送给亲爱的朋友们:

万山不许一溪奔,拦得溪声日夜喧。
到得前头山脚尽,堂堂溪水出前村。

看看这是什么气概!崇山峻岭的拦阻都会过去,人生中的一点挫折又算得了什么呢!

当代歌唱家刘欢在一首歌中唱道:"看成败,人生豪迈,只不过是从头再来!"

勇气和不懈的努力,是人生走出低谷的金钥匙,拿好这把金钥匙,去开启自己的美妙之门吧,走出因为遭受挫折而闭锁自己的暗室,不远处,就会闪现出一片充满希望的新天地。你会在那里,谱写出勇者成功而诱人的动听乐曲。

第三札　怎样通过培养贵族精神去唤醒生命智慧？

禁得起人生挫折的考验，还要能通过挫折去理解人生、感悟人生，并将挫折转化为前行的动力，靠的虽然是智慧，但智慧的得来却不是一件简单的事情。

能够收获智慧，必须具有仁德。在漫漫人生长途中，没有仁德的人是不会收获智慧的，最多只能学会一点诡计、手段之类的伎俩。假使我上面的设定不妄，收获智慧，就必须从培养仁德做起。

培养仁德，不是在头脑里安装先公后私、先人后己的芯片，这些谁先谁后的做法，最多也不过是仁德向外辐射的一种方式。培养仁德，更不是朝生命的钟摆里安放公而忘私和大公无私的发条，人生的钟摆，不可能完全按照道德的指令和节奏来回晃动。这里所说的仁德，不是世俗社会和各类宗教所倡导的道德教条,那些无视生存者个人感受,而仅将他们当成实现道德或者统治目标的说教,其实是不符合人性的,同时也是不人道的。

觉醒了以后的人们都知道,每个人作为个体,既是类的不自觉的工具,同时也是个体的自觉的目的。单纯强调任何一个方面,都不符合客观实际,也是不符合人性本真的。

本篇所说的培养仁德,主要指培养精神,培养一种属于每个培养者自己的贵族精神。

仁德,在一定的意义上,其实就是一种贵族的精神。培育这种精神,需要在用心上动思虑,下功夫,需要用生命去感悟,去体证,而不仅仅在于矫正或者规范客观的行动。这其实也是在造就和培养真正的贵族精神。

贵族虽然原本是身份,可是有贵族身份的,未必有贵族精神,而有贵族精神的士君子,在历史上却往往没有贵族的实际身份。贵族精神是修养,是坚守,是人格,也是境界。这些特点,跟财富、地位、权势、名望等,并不发生一一对应的实际关系。《诗经》早就说过,"彼君子兮,不素餐兮",其实也就是讲有贵族身份的人,反倒往往缺乏贵族的精神。

历史上的王侯将相们,生在贵族的家庭里,却不一定生长在贵族精神的陶养中。

孟子提倡的"大丈夫"精神,其实就是标准的贵族精神——贫贱不能移,富贵不能淫,威武不能屈。不因贫贱而苟且猥琐,不因富贵而骄奢淫逸,不在权势面前卑躬屈膝,不在面对兵刃和铡刀时心惊胆寒,坚守自己的坚守,不屈自己的不屈,不因处境艰难、境遇凄惨和遭受威胁而轻易改弦易辙,这才是真正的贵族精神。

　　世间的生存者都是普通的生灵,面对利欲不能无所动心,有了身份、地位、权势和财富,都不免想放纵一下。因为太普通,遭受贫穷未免动摇信念,见到富贵未免自惭形秽,面对威胁未免惊惧、恐慌,从而放弃坚守。在一般的情况下,面对普通困难,也会经常畏首畏尾,想要逃避。这些都是正常的心理,在这方面,精神贵族跟普通人并没有太大差异。但是他们懂得一个道理,让自己活得刚健挺拔,仁慈尊贵,比获得财富、拥有权势,更能对自己的生命感到满意。

　　对于真想获得人生智慧的人来讲,必须通过学习、思考、修为,去唤醒并增长智慧,必须培养出仁爱的情怀,养育出仁德的品格。但是培养仁德,却并不是一件轻而易举的事情。

　　孔子有位学生叫原宪,字子思。一次在跟孔子谈话中,听孔子说到很多官员,为了领取俸禄,丝毫没有人生的操守,跟着朝廷和社会的恶劣风气转,眷恋官位,随波逐流,以朝廷的崇尚为崇尚,而不论朝政多么恶劣,风气多么污浊,已经到了无耻的程度。原宪就这场景问孔子:"老师,您说他们这些人无耻,主要指的是什么呢?"孔子回答说,为了满足吃饭穿衣这点简单的需求,就去趋炎附势,苟且偷生。不管国君仁慈还是残暴,不论官场清明还是污浊,豺狼当道,奸邪主政,官场狼藉贪鄙,他们还跟着在里面混,只要给俸禄、给饭吃就行。这种有奶便是娘的做法,就是无耻呀!(原文:"邦有道,谷,邦无道,谷,耻也。"《论语·宪问》)其实这些官员也不易,生活难哪!仅仅为了一点经济利益,人生就如此难以自持。我们理解他们、同情他们,但不是原谅他们、纵容他们。他们没有守住人生的底线,遭到谴责是必须的。

孔子还说:"富与贵是人之所欲也,不以其道得之不处也;贫与贱,是人之所恶也,不以其道得之,不去也。"(《论语·学而》)倡导是崇高的,做到却是艰难的。备受贫贱困扰的人们,容易产生偷窃心、欺诈心和攘夺心。所以处贫贱难。"贫贱不能移"所以是大丈夫的标志之一,就是因为其不容易做到。

那是不是有地位了、富裕了,就没有上面走向深渊的危险了呢?不是。滑进另一深渊的可能性增大了。前几年流行一句好玩儿的话,叫"有钱就任性"。没错,谁有钱都想任性,有势力更想"任性"。有钱有势之后,谁都不想约束自己,尤其是从贫贱走进富贵的人们。受苦受怕了,遭罪遭够了,看人家的白眼看多了。一旦有钱有势了,就非要扬眉吐气,非要铺张浪费,非要骄纵奢华,非要盛气凌人,以显示自己强于别人,高人一等。处贫贱不易,处富贵也难。只有了解了这一点,才能懂得孟子为什么把"富贵不能淫"当成大丈夫的另外一个标准。

《论语·学而》篇里有一段孔子和子贡有关贫富与人生修养关系的对话。子贡对孔子说:"贫贱时面对达官贵人不谄媚,不自我贬低,不矮人一截;富贵时不骄傲放纵,不故作高人一等的样子。能达到这种程度,您感觉如何?"孔子回答说:"不错,已经很不错了。如果身处贫贱却不哀叹,还能自得其乐;富贵时乐意尊重别人、善待别人。这样就更好了。"(原文:子贡曰:"贫而无谄,富而无骄,何如?"子曰:"未若贫而乐,富而好礼者也。")孔门师徒,之所以就这样的问题对话,说明人生无论处于贫贱还是富贵中,不使自己的品格下滑,还能把贫贱和富贵转化成涵养人生仁德的养料,真正难能可贵,非常值得后世人学习。

虽然对于普通人来说,"富与贵"都是人们所企望的,总要试图达到;人们也都不愿意处在"贫与贱"之中,总想尽力摆脱掉;好像摆脱了贫贱,拥有了富贵,就通过了人生的关卡,就走入了坦途,其实这是一种错觉,而且还是一种严重的错觉。只有真正向往仁德的人,才会懂得两者对人生的考验是一样的。两者之间,没有高下、好坏,只不过在一般情况下,我们总想把一个(贫贱)向外推,把另一个(富贵)向里迎而已。无论"推"和"迎",都要秉持正大的用心,通过正当的程序。如果不是出于正大的用心,不采取正当的手段,那么不如不驱除贫贱,不如不迎迓富贵。如果不能正确对待,"财源广进",对人生的伤害更大,危险性更高。因为只要用心不正大,手段不正当,驱除了客观的贫贱,却滋长了主观的偏邪;迎来了外在的富贵,却丢掉了内在的真醇。这就是孔子说贫贱虽然为人所讨厌,富贵是人之所欲求,但是,"不以其道得之,不处也"(《论语·里仁》)的理由所在。

当然从另外的角度看来,人生也时时处处因为身处不同境遇而有不同的感受,受到不同的启发,获得不同的感悟。由此说来,贫贱、富贵,又都是人生培育仁德、获得智慧的肥田沃土。贫贱、富贵,到底是人生的祸还是福,其实全看排除或者获取的用心与方式。

孔子强调:"君子喻于义,小人喻于利。"(《论语·里仁》)这种说法提醒我们,无论是"处贫"还是"处富",都必须出于正大的用心,都必须通过正当的途径去实现。"处贫",不能助长偷惰和懒散;"处富",也不能滋生骄纵和无礼。如果"处贫"助长了偷惰和懒散,甚至滋生了讹诈与无赖;如果"处富"骄纵了傲慢和无礼,进而导致奢靡而欺贫。那么无论贫贱和富贵,都只是人生的陷阱,对人生都不再有任何正面的意义。

贫贱不移难,富贵不淫难,威武不屈似乎更难。

人作为生灵,都有天赋的喜生恶死的本能,求生的欲望很强,怕死的顾虑很重。不如此,就不再是生物。贪恋生命本身存活与延续的本能,导致对食色的贪欲。喜生恶死,极容易在不知不觉中转变成贪生怕死。人之贪生,其实就是贪恋欲望的满足;人之畏死,就是害怕失去满足欲望的可能与机会。喜生恶死出于本能,贪生怕死缘于贪欲。因此,"食色性也"的说法,经常被当成饕餮纵欲的理由和借口。

因为舍不得食色,从而产生贪恋,进而导致放纵,再进而导致在面临死亡时的极度紧张与恐慌。尤其在面临外来的致死威胁时,更是灵魂颤抖,身体筛糠,痛哭流涕,哭爹喊娘,跪地求饶,乞免一死,出卖亲人,出卖朋友,出卖尊严,出卖人格,出卖爱情,出卖理想,出卖自由,只要能够活命,从前的一切追求和坚守都可以放弃,在威武面前彻底屈服。久而久之形成习惯性恐惧心理,在死亡的威胁并未到来时就首先心惊胆战,情绪紧张,生怕多说一句话、多向前走一步而遭受惩罚和威胁,患上精神高度紧张的严重恐惧症。

普通人面对兵匪盗寇时如此,被看作贤者的人也如此。因为普通人从未想要为自己树立远大理想和崇高目标,他们面对死亡的恐慌不仅正常,而且值得同情怜悯。但是想要培养高傲的贵族精神的贤者,想要养育自己仁德的求道君子,却必须接受威武胁迫下的死亡考验。

文天祥在面对利欲诱惑和死亡威胁时没有变节,他虽然被杀死了,却洒落了满天满地的人间正气。谭嗣同在完全可以逃生的情况下,主动选择死亡,留下了可颂可歌的天悲地泣。他们以身殉道的方式不同,但都做到了"威武不能屈"。在死亡的威胁面前退却、求饶,背叛自己平日所养、辜负自己平生所学,这样的人,无论在哪个国度、哪个朝代、哪个时期,都多得无法统计。

由此看来,威武不能屈对人生的考验更加严峻,过不了这一关,在人生的终极意义上,还是跟"大丈夫"无缘,成不了彻底的精神贵族,也养不出自己真正的深仁厚德。

养不出仁德,就获得不了智慧,因为获得智慧首先要真,其次要正。真则能实,正则能诚,真正了,才能说到诚实,诚实了,也才能表现真正。诚实、真正了,人才能通达,通达才有智慧。如果不能真、实、诚、正,即便异常聪明,也不过会使一点小伎俩，会玩一些小心计，会耍一点小阴谋，永远不能将所见、所闻、所学、所想，转化为自己真正的智慧。离开了真、实、诚、正，就算"向天再借五百年"，也不会拥有智慧，寿命不能代表生活的质量，更不能代表生命的品质。

智慧不是伎俩，伎俩无法铸造智慧，却最能损害智慧，伎俩是貌似智慧的假智慧。智慧和伎俩的重要区别全在用心。用心邪佞、深藏自私的人，只能学会伎俩，收获不到人生的智慧。智慧是给心地善良、用心仁慈者的特殊奖赏，阿谀权贵、见利忘义、虚华不实，在假大空的路径上行进的心灵，是不会被智慧所光顾的。有仁德的人，才会有智慧；有仁德的人，才会用智慧。

只有养出自己真正的贵族精神来，才能赢得来智慧，才能受得起智慧。智慧不是送给贪鄙者、猥琐者、愚暗者的腐鼠，而是流淌在仁慈者、正直者、清明者心中的无染甘泉。

第四札　利从何来？义向何去？

培养自己的仁德，先要从日常生活做起，先过义利关。

听起来很吓人，其实很寻常，不止义利，甚至生死，因为生死也是寻常之事，就像昼夜一样，有白天就会有黑夜，有生就免不了死。

天地生出万物，万物本没有高低之分，只有"进化"距离远近的问题，或者说只是处在万物演化过程的前面还是后面的问题。只有次序，没有高低，更没有贵贱。我不是佛教信徒，但却相信佛教有关众生平等的说法，确实是真知灼见。

万物没有高低贵贱之分，只有在进化链条上的先后，也就是说，万物只有距离当下远近的问题，没有高低贵贱的问题。万物之所以是万物，是因为它们都是存在，存在要想存在，一定需要养料，没有养料，生存就无法实现，更没有办法继续下去。水和石头一样需要养料，只是我们没有过分用心去注意了解。越是处在进化链条后一点位置上的生物，对生存养料的要求越专门、需求程度越高,其他"外物"成为它们生存资源的可能性越大、越宽泛。有关"高等动物"和"高级植物"之类的说法,最多只是对各种"物"索取养料不同方式的一种描述,就算人类认定自己高级,自然界也没有自己申明这样的事实。无论是老子的"天地不仁,以万物为刍狗",还是荀子的"天行有常,不为尧存,不为桀亡",其实都可以蕴含这样一种意思。

处在进化链条靠后一些位置上的"物"们,需要的生存养料不是自然安放好的,所以为了生存,不能坐等,只好行动起来,去向外界索取,很多"外物"就此成了这些"动"物的能量提供者。这些"动"物,需要吃掉或者毁坏掉一些其他的"外物",才能保障自身的生存。于是就有了一些生物成为其他生物食物的事情。

这就是类与类之间的关系。由于"类"与"类"之间,谁都可能成为养料而被吃掉,于是产生类与类之间的生存竞争,各种物必须在类内进行重新整合,整合的唯一原则就是加强作为类的"战斗力",包括"逃跑力"。无论是草食动物还是肉食动物,觅食的能力和躲避被当作食物吞噬的能力,都是作为类的最显著的战斗力被赋予各类"物",并在各类"物"进化的过程中不断被加强的。整合显然是为了实现优异者生存、低劣者淘汰的目标。而这一目标的最深根源,存在于遗传之中,于是对类内异性的选择,就命里注定被写进各种生物的 DNA 里,变成它们的基因和染色体。

如此一来,满足个体能量补给的"外物",和满足内在整合、优选的类内异性,就同时成了各种生物的生存所必需。因为这些东西对他们都有利。有利于生的东西,对于生者而言都是利。利的作用,在于保障和扩张生存,用"厚生"一词最能表达这种意蕴。

生,是需要养料的,包括水、食物、空气之类。这些都是生物生存过程中不能缺少的利,没利就没了生存。动物需要洞穴以藏身、休息,人类则使用房屋,用以防寒、取暖、躲避危险,满足休息。还有异性,这是生命里自然被安放了的利的需求,没有一样是过分的,都很正常。生命离不开利,能用外物为"利",就可以存"生",能使同类中的异性对自己发生"利"的作用,就能保障"生"的延续。没有"利",也就没有了"生"。生生不息,更需要"利"持续不断的供给,"利",对于人生与人类的繁衍生息,是一时都不能或缺的。

从反面来讲,尽管所有的生物都是为了自己的生存,于是才展开生存界的竞争,互相以对方为利,但即使被吞噬,实际上也是一种价值实现的方式,因为被吞噬,就表示自己有用,可以成为他者生存的"利",否则,他者便不会来吞噬,更不会费尽周折想方设法实现吞噬。就像没有动物专门去啃食石头一样。如此说来,生,需要利而同时也是利,死虽然不再需要利,却可以提供利。

自然界里只有利,没有义。如果一定要说自然界里有义,那也只是利,利就是义,利于生,便是义。

由于人类慢慢在生存竞争中占了上风,而且占据绝对的上风,人类的自信和骄傲情绪猛增,愈加骄横地认定,自己就是宇宙的主宰,甚至还坚定不移地认定,只有自己才是宇宙唯一真正的主宰。但是,人类在生存竞争中脱颖而出,靠的却不是个体的力量,而是"群体"的力量,这一点刚好表明就个体而言,人其实是生存世界中的弱者,只要看一看老虎和鹰、雕的单独行动就能明白这一点。真正的强者,都是特立独行的。

人类是一种群居杂处的"群体性"动物,要想使这种杂居混处不妨害人作为类在生存竞争中赢得成功,必须制造一种凝聚力,制造凝聚力的原则之一,就是所谓"义"。义,显然是专属于人之类的,是人自己发明的类内行动准则。这种准则,是为了平衡类内"利"的分配而被发明出来的,它的直接面对对象便是"利",它要实现"利"合于类的生存延续需求的"配给",从而对个体进行限制,这就是义的由来。

就人类中的个体而言,遵守"义",在很大程度上是迫不得已,这要损失利,没人真心喜欢这样做,因为这不符合生命的自然本能。

遵守"义"而使"利"受到损失,必须得到补偿,否则生命就不会平衡。什么东西可以作为这种补偿呢?崇高的赞美、群体的夸赞,就像费力写微博和公众号需要点赞一样。不过这一点刚好表明,人类中的所有个体都希望在各自的群体中出类拔萃,这是人类的本能,是适合并为了满足生存竞争的一种本能。出类拔萃的"义",并不是利以外的另一种东西。义,其实还是利,只不过是利的另外一种表现形式。成为逐利群里的"义者"，就会赢得群众的崇拜，就会赢得群众的拥戴，就会得到群众的尊重，就会受到群众的供奉，包括食色，各种利也就都在其中，不必再去直接苦苦寻觅。

但是人类需要义，尤其需要舍弃自己一身之利而为大众谋利的那种义，同样需要舍弃一时之利，而谋求长远之利的义。宋代哲学家胡宏说："一身之利无谋也，而立天下者则谋之；一时之利无谋也，而利万世者则谋之。"讲的就是这种道理。孟子说："穷则独善其身，达则兼济天下。"讲的也是这个意思。为了趋向这种义，必须在一定的程度上放弃名利，过不了名利关，便谈不上专属于人类的忘我的义。人类便不会有所谓崇高，其中的成员，也便不会有所谓伟大、杰出可言。

宋代理学家谢良佐说："透得名利关，只是小歇处。"就算没被利欲绊住，也还要继续行进到孟子所说的"大丈夫"的境遇中去，如此才能造就更大的义，才能养出深厚的仁德，并由此而获得通透的智慧。

第五札 "恭而安"究竟是怎样的一种人生状态?

因为这段时间,对孔子"恭而安"的人生状态倍感亲切,好像真在生命深处,意识到了这种境界的可望难及,所以才想粗浅地说说对这个问题的看法。

"温良恭俭让"一语,出自《论语·学而》篇中孔门弟子陈亢与子贡之间的对话。"子禽问于子贡曰:'夫子至于是邦也,必闻其政,求之与?抑与之与?'子贡曰:'夫子温良恭俭让以得之,夫子之求之也,其诸异乎人之求之与?'"陈亢字子禽,司马迁在《仲尼弟子列传》中,把他当作孔门弟子,另有一说,认为他是子贡的学生,而不是孔子的弟子。《论语》中有陈亢对子贡说"孔子真的比您强吗"之类的话,看来真像是子贡的学生,也可能是司马迁搞错了。子贡复姓端木,单字名赐。

这段话的大意就是陈亢问子贡:孔子到咱们这个小诸侯国

（邦）来，一定能了解到邦国的政治情况，是他自己问到的，还是别人告诉他的？子贡说：（不问人家怎么会告诉他），夫子态度温良恭俭让，所以人们都愿意认真细致地告诉他，这是他与别人在了解情况时非常不同的地方。

朱熹在《论语章句集注》中解释这句话时说："温，和厚也；良，易直也；恭，庄敬也；俭，节制也；让，谦逊也。五者，夫子之盛德光辉接于人者也。"这样的说法，是讲孔子的"人格魅力"光彩照人，于是别人就主动来跟他亲近，他也就因此了解了很多真实的情况。

本来只是了解问题时的态度，经后世儒者尤其是朱熹的"诠释"，"温良恭俭让"，却早已跃出这件事情和这句话语之外，成了孔子"盛德光辉"的道德人格的"宣传"。

咱们今天要把话题从这里岔开，转移到孔子的人生状态，也就是转移到他是如何处置自己生命这个问题上来。

孔子一生虽然奋斗不止，为了实现理想而辛苦奔波，但是他的生活是很幸福的。因为他深深懂得，理想只是实现幸福的一个重要条件。追求理想，是为了使生活的格调更高远，更有公益性。追求理想，绝对不是为了毁弃人生的幸福。

孔子追求成圣，同时修得道德的力量和道德的品格，使生命变得伟大和崇高，从而使人生的幸福建立在更多人都能幸福的基础之上。同时又不为了大多数人的幸福而舍弃自己，在提高自己德性内质的同时，与大家同享生活之乐。

孔子徜徉于绘画、音乐和诗歌的意境当中，他的人生充满诗情画意,弹琴和歌唱是他人生的另一主调。这一主调,保障了孔子的日常生活充满诗意,同时又始终洋溢着音乐欣赏的快慰。他生活在诗歌和音乐的世界里,他和他身边的人们,都被诗情画意所笼罩,同时也都经常陶醉在音乐所营造的艺术世界中。

由于德行的修养和对诗歌与音乐的把握与享用,使得他和弟子们生命里的幸福感,达到了令人羡慕的程度。

虽然德行和艺术并不直接就是幸福,但是幸福却少不了德行和艺术。只有在德行完好的前提之下,徜徉在艺术般的生活情境中,人生才会呈现高层次的幸福状态。

孔子究竟给了学生一种怎样的感觉?在这些学生的心目中,孔子是一个什么样的综合形象呢?《论语·子张》篇中有一句子夏讲的话:

"君子有三变,望之俨然,即之也温,听其言也厉。"

说是一个真正的君子,你去跟他接触的时候,对他的感觉,会发生三次比较明显的变化。开始一看,"哇,很严肃,有点吓人。"当你有了跟他比较近距离的交往以后,感觉发生了变化,不再觉得他不好接近,而是感觉很温和,很和善了。但是当你听到他讲话时,又会在心里产生新的判断:"这个人一丝不苟,态度认真严肃,不容侵犯,不敢亵渎,不能轻慢。"

非常明显,子夏已经把老师孔子的日常生活状态,抽绎成了"君子"的普遍标准。这样的抽绎,显然是为了提升学者的人生品格,因此也就具有了普遍的意义,不再局限于对孔子一个人的赞美和崇拜,个体的特征,被提炼成了普遍的"状貌"。

但是,正因为这种普遍的抽象,反倒使从个体的经验中抽绎出来的"特征",失去了相当一部分鲜活的个性特点。这个被抽绎出来的普遍"状貌",与孔子本身的生命状态相比,也就显得有些僵硬或刻板,其中灵动鲜活的个性、收放自如的弹性等,都被"蒸发"掉了很多。

《论语·述而》篇中说:"夫子温而厉,威而不猛,恭而安。"

"温",就是温和,就是温暖,就是温润,就是温馨。孔子待人很温和,因为温和,所以学生和朋友们跟他相处才感到温暖,才会觉得温馨,才感觉和蔼亲切,每天都能跟孔子温润地生活在一起,是一件多么幸福快乐的事情!但是孔子的温和,不是无原则的哄人,更不是整天没正经的,只在那里嘻嘻哈哈。一方面,他很严肃,也很严正,他很庄严,这就是"厉"。从态度上讲,孔子是温和的,同时也是严肃认真、不轻易苟且的。从另一个角度看,孔子很有威严,有时还会很严厉,但却不凶狠,就算是批评,也不会伤到人的尊严,不会使人感到受了伤害。这就是"威而不猛"。以上两个角度,都是他跟别人相处时的状态,而他面对自己时所表现出来的,却是"恭而安"。

什么叫"恭而安"?恭,就是哪怕自己一个人独处,都是很恭敬的样子,恭敬什么呢?恭敬天地;恭敬出于天地的自己的生命,可能还包括恭敬天地间的一切生灵;最重要的还是恭敬自己的生命。有了恭敬,使得孔子独处的时候心里很安静,情绪很安宁,整体人生状态很安详。不像现代人看上去总是身影急促,心情急迫,情绪急躁,总好像有多大事要干,其实都是些鸡毛蒜皮之类的小事儿,或者根本就是庸人自扰,没事找事。没有正经事干,又不愿意读书、思考,体会人生,所有的空闲时间,好像都是人生的累赘和负担一样,于是就拿鸡毛当令箭,把芝麻夸大成西瓜,陷自己于陀螺一般的境地,随着混沌的时势天旋地转,把自己搅得整日心神不宁。

就算有正事干的人也一样,经常把自己弄得手忙脚乱,没有时间和心思回头瞻顾或者驻足回味。生命在活动,生命在奉献,但却不知道究竟奉献了什么,活动有什么意思。精神随着身体四处奔跑,疲于奔命,连感受自己活着这件事的功夫和心情都没有,形神俱疲,心体两怠。这样的生活怎么会有幸福感呢?

幸福是对自己存在的意义和价值的肯认,当然这是初起的状态,幸福同时也是并且尤其是对自己生命活动的脉搏、节奏等的自我感觉、自我抚慰。这种感觉的获得,仰赖于一定的时间和条件,可是有一点肯定是非常重要的,那就是要给自己留下一点儿空闲的时间,还要给自己找到一点儿相对宁静的空间。

体会人生和感受幸福,一定需要独处,否则就不会产生对生命的真实感受。非要找一个或几个伙伴一起吃饭说话,一起逛商场、看电影,一起游荡玩乐,一起闲扯之类,都不太可能真正得到这种对于人生的自我感受。一个人必须养成独处的习惯,这是真正的自立、自主、自强的表现。连一个人独处都感到寂寞，感到无聊或者感到恐慌，是不可能养成独立不倚人格的，没有独立不倚的心理品格，人就不能真正感受到生命的深层乐趣。

生命本身就是意义，就是快乐，就是美。在生命活动的意义和价值的层面上，感受生命的伟大与崇高，虽然是圣贤和英雄豪杰们非常动人的一面，但是圣贤豪杰也是人，在根本的意义上，大家都是生命，而且也都只有这一次生命。从这个角度上看，生命的恬淡自适和生命的畅顺闲舒，那才是更具有普遍意义的生命的意义和价值。生命不止伟大崇高，而且还神奇美妙，后者其实远胜于前者。

到了"恭而安"的境地，人就不再计较利害，不再系心得失，不再分别剖判，不再争长道短，不再比强较力，不再忌讳生死，不再牵挂今生来世。一切都放下了又都还在做着，一切都不再较真但却一点也不马虎，心思完全淡然了，但却充满奋斗的乐趣。……任何人或学派，只要还在坚持主张，只要还在言说自己比其他人或另外的学派高明，就永远也无法达到这样"仰之弥高"的非人非神的状态。

"恭而安"的感觉真好，那才既是人类群体共同意义和价值的崇高人生境界，同时也是个体生命最愉悦、最平和、最宁静、最安然的平常状态。只有恭而安，才能细致感受天地间的一切，这是体会人生，也是享受人生，更是赞美人生，是一种难以名状的真实的生命之美。这种状态，只有在真正的"知天命"之后，才会呈现出来。

恭敬地让生命自己在那里活动,而自己似乎置身其外地在一旁观察、体贴、品味,这样的境界才真正可以叫作"乐天安命"。我过去讲,知天命,就是知道天底下生命本有的局限,其实还应该包括生命的自我感知、自我赏玩、自我陶醉。欣赏天地合力造就出如此精密而神奇的生命——它既有自我认识、自我反省的能力,又有自我实现、自我欣赏的本能。任何生命个体对于自我的默默欣赏,都是对天地创造生命的礼赞,都是使自身融入天地大化过程的卓越奉献。

只有真正理解了孔子的"恭而安",才能真正理解孔子的"吾与点也"的愿望,那是对生命状态的追求,不是对人生理想的执泥。

"恭而安",是孔子给学生们的综合印象,也是孔子晚年以后的日常生命状态。"恭而安",是对生命的最高尊重和礼赞,是不必张扬,也遮蔽不了的人生最高幸福的自觉呈现。

第六札　说几句《论语》的闲话

《论语》里也有很多根本没有多大意义和内涵的,不必浪费宝贵时间和精力去研究、诠释,更没有必要去费力传播、推广。孔子的话,很多都被后世神圣化了,其实没那么多内涵,也缺乏必要的深度。

举几个例子:

《论语·季氏》篇:"邦君之妻,君称之曰夫人,夫人自称曰小童;邦人称之曰君夫人,称诸异邦曰寡小君;异邦人称之亦曰君夫人。"

这不过就是孔子跟学生们一起闲说话,谈论的是诸侯国君夫人的称谓或者叫法。说是诸侯国君叫她"夫人",她对诸侯国君却自称"小童",诸侯国内的臣民们称她为"君夫人",面对别的诸侯国时,称作"寡小君",而别的诸侯国则一样称她为"君夫人"。

设想一下,几位朋友在一起喝酒说话,谈到如何称谓妻子的问题,东北人说了,我们那儿叫老婆,西北人说了我们那儿叫婆姨,湖南人说我们叫堂客;有人插话说,港台叫太太;又有人接着说:其实都是夫人的意思。"那你管夫人叫什么?""什么也不叫,只叫名字。"外人怎么称呼呢?"老刘家的""老张婆子""来旺媳妇""武大郎屋里的"……

这不是一样的吗?为什么不替朋友们的说法做注解,却偏要给孔子做诠释?就是这么句日常闲话,历朝历代不知有多少儒者为它注释、说明,不知浪费了多少人宝贵的时间和精力。

《论语·子张》篇:子夏曰:"小人之过也必文。"朱熹注释说:"文,去声。文,饰之也。小人惮于改过,而不惮于自欺,故必文以重其过。"

这话的意思大概识字的大约都懂,就是小人出了差错总会去找借口掩饰。以朱熹的才华,有这功夫干点啥不好,抬头看天想点问题,不比用心注释这句"圣言"有意义得多吗?

如果今天的人们一定要对这句话有个说法,则应当问:人(所有人,包括朱熹说的小人,也包括作为君子的朱熹自己)为什么会去掩饰自己的过失呢?人生的过失,是可以彻底避免的吗?人为什么会犯过失?怎样尽量减少,从而避免更多的损失?这才是真正考虑问题的态度。"他是小人,所以掩饰过错。所有的小人都会这样,或者所有这样的人都是小人!"这种解释,除了诱引大家产生非此即彼的二元判断,鼓动大家仇视犯错人的情绪之外,其实无助于听者学会认知、学会思考。

《论语·颜渊》篇:"季康子患盗,问于孔子,孔子对曰:'苟子之不欲,虽赏之不窃。'"

朱熹的解释:"言子不贪欲,则虽赏民使之为盗,民亦知耻而不窃。"这个解释符合这句话的原意,意思是季康子只要控制住自己作为领导者的贪欲,即使奖励老百姓做盗贼,他们也不会去。

但这句话其实只是情绪性的说法,并不符合客观的实际。所以将这种话语生硬地照着解释一遍,不仅于事无补,还会对听者造成不小的伤害,妨害客观态度,阻截正确判断的路径,于"止盗"或者其他事情的分析与处理,都不仅没有直接的正面意义,还会把听者导引到错误的方向上去。分开来说吧:

第一,民之为盗,多因其贫,而不是季氏霸占鲁国的行政权,不在于季康子本人"夺嫡"、抢位就是老百姓生活困难所致。季康子的做法虽然违背了孔子心目中的伦理原则,但即使他不违背或者是道德的楷模,人民的生活也不会因之而获得改善。这两件事情没有直接的对应关系。百姓偷盗,虽然与社会风气不正有关联,但也不必一定是对在上位者品行不端的效法,更重要的原因或许还应是生活的贫敝所诱发。这是两回事,虽然有点关联,但是关联极小,根本构不成因果关系。

第二,解决百姓偷盗的问题,在传统的时代里,关键的环节在解决民生问题,而不在审视统治者的个人道德。正如《管子》所说:"仓廪实而知礼节,衣食足则知荣辱。"统治者个人的道德没有那么大效力,统治者道德再好,解决不了民生问题,社会一样不安定。不能用对统治者道德败坏的判断,掩盖他们执政水平不高,解决民生问题能力不够的事实。这是两个问题。从前的国民所企望于统治者的,虽然更多的是道德,但这道德也是通过能力体现出来的,能力决定处理民生问题的效果,个人德行优劣,是在解决民生问题中体现的,哪有离开解决民生和社会问题之外的统治者道德可言呢?就算有,又有谁对他这些与民生无关的道德感兴趣呢?

第三,如果季康子没能力,骂他不道德解决不了问题,骂得再凶,老百姓的生活水平也提高不了。要把心思多用在解决实际问题上,而不是用在对统治者道德水平的评价上。这样会造成对问题的遮蔽,使真正的问题隐蔽不见,始终不能得到真正的解决。当然,考虑解决问题的条件,还要约束统治者,以防止滥用权力导致资源浪费和贪污、垄断。

第四,传统儒学本身就过于看重道德,往往高估道德的作用,而忽视对实际问题的分析,后世学者又误入歧途,继续误导读者,民生问题因而被搁置不问,很多社会问题长期无人问津,拖延到老百姓一时怨气消散,就以为完事大吉了。但因为实际问题并未得到解决,遇见适宜时机就会重新暴露,而且加上后来累积的不满情绪,危险性就会更大,破坏性会更强。

第五,孔子没有为季康子给出可以"止盗"的有效提醒,只是指桑骂槐地把季康子数落了一顿,说是因为他本身不道德,就不要指望老百姓有道德。做法是否得当姑且不论,至少可以说孔子答非所问,辜负了季康子的诚心问询。

类似的情况还有很多,不多举证。

只想在这里跟读者朋友们说句话，无论学习中国人的典籍还是西洋人、印度人或者其他什么经典、著述，都要留心，努力用自己的经验、用人类的理性，去客观地考量和分析一下，不能书上写啥就学啥、老师咋教就咋学。学习，不是为了考试过关，不是为了把自己装扮成有知识的样子，也不是为了给古人当现代宣传讲解员，而是为了自己的成长进步。培养客观、理性的精神，比学会多少技能、背诵默写多少典籍都重要。

后　　记

　　笔者从前写过一部有关孔子的小书,最初叫《圣者凡心——王立新讲〈论语〉》,后来感觉主要还是在说圣者,凡心的内容非常少,所以再版时干脆去掉了"圣者凡心"的字样,直接叫《王立新讲〈论语〉》了。看来突破历史上对于孔子"圣人"模式的特定言说限制,实在不是一件简单的事。这次的这本《孔子的智慧》,主要是以孔子和有关孔子的说法为话头,努力对所述问题展开自己的言说,希望能够突破《王立新讲〈论语〉》那部书的瓶颈,不过依然很难。尽管自己讲授《论语》课程已经二十来年,但也可能是讲的时间越长,陷入的程度越深,跳出来的可能性越小,说来说去,还是从不同的角度上述说"圣人"。就算如此,也是一次新的尝试,至少可以让读者朋友了解孔子是难以突破的。孔子难以突破,也正说明中国文化的沉积层太厚重,这是华夏民族文化力量雄厚的一种证明,当然也是本书作者能力有限的证明。

承蒙杨书澜老师极富耐心的期待,本书才得以断断续续勉力而成。因为笔者这段时间心理负担不轻,两三年来,几乎把业余精力都用在了为韦政通先生编纂文集的事情上。韦政通先生是笔者的精神导师,他曾给予笔者难以用言语描述的影响、感染,作者所以能够成为学者并在学术思想的道路上不懈地前行这么多年,很大程度上得力于韦政通先生的劝勉和激励。韦政通先生是当代最具活力的思想家,他广泛的学术兴趣和写作目标、敏锐的思想和鲜活的生命,无时无刻不在打动和吸引着笔者,促使笔者不断努力,试图写出一点更有生存感受和思想性强些的文字来。

先生过世已经快三年了,先生的文集在笔者手上却还不知何时能够编纂出来,这件事情让我时常感到有些焦急,加之旧著《大宋真天子——一代仁君赵匡胤》再版,更名为《建宋:赵匡胤的奋斗》,配合出版社进行宣讲,用去了不少精力和时间。还有每年一度的研究生论文答辩、开题,常规授课以及其他相关工作、亲朋交往等,尤其是笔者新近一年多以来,内心里和观念中的自我冲突比较明显,生怕写出来的东西前后互相抵触,不能保持整体上的一致性。由于以上种种原因,致使杨老师交付的这项工作一拖再拖,写得断断续续,全书已经没有一气呵成的感觉,好在前后的表达,还没有出现明显自相矛盾的情况,总算心里微安了。

再次由衷感谢杨老师!

2021年5月5日于深圳大学